WISSEN KOMPAKT

VOLKSWIRTSCHAFT
verständlich – anschaulich – kompakt

Monetäre und internationale Analyse

von

Prof. Dr. Joachim Güntzel

Duale Hochschule Baden-Württemberg, Ravensburg
(Baden-Württemberg Cooperative State University)

Verlag Wissenschaft & Praxis

Bibliografische Information der Deutschen Nationalbibliothek

Die Deutsche Nationalbibliothek verzeichnet diese Publikation in der Deutschen Nationalbibliografie; detaillierte bibliografische Daten sind im Internet über http://dnb.d-nb.de abrufbar.

ISBN 978-3-89673-526-3

© Verlag Wissenschaft & Praxis
Dr. Brauner GmbH 2010
Nußbaumweg 6, D-75447 Sternenfels
Tel. +49 7045 930093 Fax +49 7045 930094
verlagwp@t-online.de www.verlagwp.de

Alle Rechte vorbehalten

Das Werk einschließlich aller seiner Teile ist urheberrechtlich geschützt. Jede Verwertung außerhalb der engen Grenzen des Urheberrechtsgesetzes ist ohne Zustimmung des Verlages unzulässig und strafbar. Das gilt insbesondere für Vervielfältigungen, Übersetzungen, Mikroverfilmungen und die Einspeicherung und Verarbeitung in elektronischen Systemen.

Printed in Germany

Vorwort

Mit dem vorliegenden Band wird das Spektrum der behandelten Themen um die Bereiche der Geldtheorie und Geldpolitik sowie der Globalisierung und internationalen Verflechtung der Volkswirtschaften erweitert. Ein Verständnis für die grundlegenden Mechanismen der Geldschöpfung sowie für Instrumente und Strategien der Geldpolitik ist für die Studierenden in wirtschaftswissenschaftlichen Bachelor-Studiengängen heute absolut unerlässlich. Ebenso benötigen sie einen Überblick über einige zentrale Aussagen der realen und monetären Außenwirtschaftstheorie. In Zeiten, in denen außerdem das Thema „Globalisierung" in aller Munde ist, sollte nach Ansicht des Autors auch ein erster Einblick in die Politische Ökonomie der Globalisierung nicht fehlen.

Wie in den beiden vorangegangen Bänden liegt der Schwerpunkt auch dieses Mal auf der Verständlichkeit der Darstellung. Das Buch richtet sich daher wiederum vorrangig an Studierende in den wirtschaftswissenschaftlichen Bachelor-Studiengängen an den Fachhochschulen und an der Dualen Hochschule Baden-Württemberg. Über diesen Leserkreis hinaus können Studierende an Universitäten den Text als leicht zugängliche Einführungslektüre nutzen.

Last but not least ist es mir abermals ein Bedürfnis, meiner Frau für ihre geopferte Zeit des Korrekturlesens zu danken. Natürlich gehen wie stets verbleibende Fehler zu Lasten des Autors.

Ravensburg, im Februar 2010   Joachim Güntzel

www.joachimguentzel.de

Inhaltsverzeichnis

Abbildungsverzeichnis 9

Teil I: Monetäre und internationale Analyse der Volkswirtschaft 11

1. Globalisierung und Internationalisierung der Wirtschaft 11
   a. Globalisierung als ökonomisches Phänomen 11
   b. Globalisierung als gesellschaftliches und interkulturelles Phänomen.... 15

2. Der monetäre Bereich der Volkswirtschaft 17
   a. Monetäre und reale Sphäre 17
   b. Der institutionelle Rahmen: Die Zentralbank und die Geschäftsbanken ... 21
   c. Monetäre Grundbegriffe 26
      i. Geld und Geldmengenkonzepte 26
      ii. Inflation und Deflation 29
      iii. Geldangebot, Geldnachfrage und Quantitätstheorie 32
      iv. Weitere begriffliche Grundlagen 34

Teil II: Theorie und Praxis der Geldpolitik 39

3. Die Mechanismen der Geldschöpfung 39
   a. Geldschöpfung durch die Zentralbank 40
      i. Beispiele zur Zentralbankgeldschöpfung 40
      ii. Allgemeine Kennzeichen der Zentralbankgeldschöpfung 43
   b. Geschäftsbanken und Giralgeldschöpfung 46
      i. Passive und aktive Giralgeldschöpfung 46
      ii. Mutiple Giralgeldschöpfung 53
      iii. Das Geldbasiskonzept 59
   c. Die Kontrolle des Geldangebots durch die Geldpolitik 62

4. Die Geldnachfrage 65
   a. Die Rolle der Geldnachfrage für die Geldpolitik 65
   b. Das Transaktionsmotiv der Geldnachfrage 66
      i. Grundgedanken 66
      ii. Cambridge-Gleichung und Neoquantitätstheorie 70
      iii. Optimierung der Transaktionskasse 76
   c. Das Spekulationsmotiv der Geldnachfrage 78
      i. Grundgedanken 78
      ii. Optimierung der Spekulationskasse 80
   d. Gesamtwirtschaftliche Geldnachfrage 84

5. Die europäische Geldpolitik 87
   a. EZB, Eurosystem und Europäisches System der Zentralbanken 87
   b. Die Instrumente der Europäischen Zentralbank 89
   c. Die Wirkungsmechanismen der Geldpolitik 95
      i. Keynesianisch-kredittheoretische Mechanismen 96
      *ii. Monetaristisch-vermögenstheoretische und
           Postkeynesianische Mechanismen 99*
   d. Die geldpolitische Strategie der Europäischen Zentralbank 102
      i. Strategische Grundkonzeptionen für die Geldpolitik 102
      ii. Die Zwei-Säulen-Strategie 105
      iii. Vergleich mit der Strategie der Bundesbank 107

**Teil III: Internationale Wirtschaftsbeziehungen und
Politische Ökonomie der Globalisierung 111**

6. Internationale Verflechtung der Volkswirtschaft 111
   a. Komparative Kostenvorteile als Motor der Internationalisierung 111
   b. Außenwirtschaftliches Gleichgewicht und Ungleichgewicht 117
      i. Statistische Erfassung in der Zahlungsbilanz 117
      ii. Definition und Bedeutung des Gleichgewichts 121
      iii. Ausgleichsmechanismen 123
   c. Der Devisenmarkt 124
      i. Devisenmarkt und Wechselkurs 125
      ii. Das System flexibler Wechselkurse 126
      iii. Das System fester Wechselkurse 134
      iv. Der Weg zum Euro 137

7. Zur Politischen Ökonomie der Globalisierung 141
   a. Globalisierung und Arbeitsmarkt 143
      i. Globalisierung und Niveau der Arbeitslosigkeit 144
      ii. Globalisierung und Struktur der Arbeitslosigkeit 149
      iii. Forderungen nach einer humanen Globalisierung 151
   b. Internationale Koordination der Wirtschaftspolitik 152
      i. Strategische Probleme der Koordination 153
      ii. Die Rolle von internationalen Institutionen 159

Literaturhinweise 161

Abbildungsverzeichnis

Abb. 2.1: Markt mit sechs Tauschpartnern 17
Abb. 2.2: Realer Tauschvorgang 18
Abb. 2.3: Die „indirekte" Tauschkette (ohne Geld) 18
Abb. 2.4: Monetärer Tauschvorgang 19
Abb. 2.5: Die „direkte" Tauschkette (mit Geld) 19
Abb. 2.6: Monetäre und reale Kreislaufströme 21
Abb. 2.7: Abwicklung des Zahlungsverkehrs 23
Abb. 2.8: Zahlungsverkehr mit TARGET2 23
Abb. 2.9: Volkswirtschaftliche Funktionen des Geschäftsbankensektors ... 25
Abb. 3.1: Einflussfaktoren auf die Geldmenge 39
Abb. 3.2: Beispiel zur Zentralbankgeldschöpfung (1) 40
Abb. 3.3: Beispiel zur Zentralbankgeldschöpfung (2) 42
Abb. 3.4: Schema der Zentralbankgeldschöpfung 45
Abb. 3.5: Beispiel zur passiven Giralgeldschöpfung 47
Abb. 3.6: Beispiel zur aktiven Giralgeldschöpfung 49
Abb. 3.7: Schema der aktiven Giralgeldschöpfung 51
Abb. 3.8: Beispiel zur multiplen Giralgeldschöpfung 54
Abb. 3.9: Giralgeldschöpfung bei Monopolbank 56
Abb. 3.10: Giralgeldschöpfung bei Bargeldabfluss 58
Abb. 3.11: Der Geldangebotsmultiplikator 62
Abb. 3.12: Ansatzpunkte der Geldmengensteuerung 63
Abb. 3.13: Wachstum der Geldmenge M3 64
Abb. 4.1: Entwicklung der Transaktionskasse 67
Abb. 4.2.: Transaktionskasse in langfristiger Betrachtung 68
Abb. 4.3.: Transaktionskasse bei doppelter Umlaufgeschwindigkeit 69
Abb. 4.4: Optimierung der Transaktionskasse 76
Abb. 4.5: Liquiditätspräferenzfunktion 79
Abb. 4.6: Effizienzkurve 81
Abb. 4.7: Portfolio Selection 82
Abb. 4.8: Wertpapierhaltung und Spekulationskasse 83
Abb. 4.9: Gesamtwirtschaftliche Geldnachfrage 84
Abb. 4.10: Gesamtwirtschaftliche Geldnachfrage 85
Abb. 4.11: LM-Kurve und Rechtsverschiebung der Kurve 86

Abb. 5.1:	Die europäische Zentralbank-Architektur	88
Abb. 5.2:	Standard-Tenderverfahren	91
Abb. 5.3:	EZB-Zinssätze und Tagesgeldsatz	93
Abb. 5.4:	Geldpolitische Operationen des Eurosystems	94
Abb. 5.5:	Indirekte Wirkung der Geldpolitik	95
Abb. 5.6:	Investitionsfalle	97
Abb. 5.7:	Liquiditätsfalle	98
Abb. 5.8:	Transmissionsmechanismen der Geldpolitik	101
Abb. 5.9:	Time Lags der Geldpolitik und Konjunkturverlauf	104
Abb. 6.1:	Der Zwei-Länder-zwei-Güter-Vergleich	112
Abb. 6.2:	Transformationsgeraden für Land A und Land B	115
Abb. 6.3:	Aufbau der Zahlungsbilanz	119
Abb. 6.4:	Ausgleichsmechanismen der Zahlungsbilanz	123
Abb. 6.5:	System flexibler Wechselkurse	126
Abb. 6.6:	Wechselkurs und Außenhandel	128
Abb. 6.7:	Bestimmungsfaktoren der Wechselkursentwicklung	133
Abb. 6.8:	System fester Wechselkurse	135
Abb. 6.9:	Wechselkursintervention	136
Abb. 7.1:	Kritisches Globalisierungsszenario	145
Abb. 7.2:	Strategische Einteilung von Spielsituationen	154
Abb. 7.3:	Normalform eines Spiels	155
Abb. 7.4:	Normalform des Gefangenen-Dilemma-Spiels	156
Abb. 7.5:	Normalform des „Assurance"-Spiels	157
Abb. 7.6:	Normalform des „Kampf der Geschlechter"-Spiels	158

Teil I: Monetäre und internationale Analyse der Volkswirtschaft

1. Globalisierung und Internationalisierung der Wirtschaft

a. Globalisierung als ökonomisches Phänomen

Globalisierung ist kein neues Phänomen in der Geschichte der Menschheit. Schon immer strebten Menschen danach, die engen Grenzen ihrer regionalen Gebundenheit hinter sich zu lassen und neue Räume der Welt für sich zu erschließen. Handelsbeziehungen, die sich zwischen Tausenden von Kilometern entfernten Regionen abspielten, sind bereits für die Völker des Altertums belegt. Vieles von dem, was wir heute mit dem modern anmutenden und gelegentlich überstrapazierten Begriff der Globalisierung belegen, können wir etwa auch an der mittelalterlichen Hanse konstatieren. Dieser Zusammenschluss von rund zweihundert Städten erstreckte sich über ein Gebiet von sieben heutigen europäischen Städten, von den Niederlanden bis ins Baltikum, von Schweden im Norden bis zur Linie Köln – Breslau – Krakau im Süden. Der Einflussbereich der Hanse reichte jedoch noch viel weiter, von Portugal bis Russland und von Skandinavien bis Italien. Auch wenn sie nie eine wirkliche Monopolstellung erreichen konnte, so übte die Hanse doch vom 13. bis etwa in die Mitte des 16. Jahrhundert einen beherrschenden Einfluss auf den Fernhandel im nördlichen Europa aus, der allerdings im 16. und 17. Jahrhundert zurückging.

Könnte man dieses und vergleichbare Phänomene bereits als Globalisierung bezeichnen? Paul Krugman, US-amerikanischer Volkswirt und Nobelpreisträger, datiert den Beginn dessen, was wir heute unter **Globalisierung** verstehen, auf das Jahr 1869, das Jahr in dem der Suezkanal eröffnet wurde. Karl Marx hingegen beschrieb schon 1848 im Kommunistischen Manifest die Vernichtung der „uralten nationalen Industrien" und sah eine „allseitige Abhängigkeit der Nationen voneinander" am Horizont heraufziehen. Und schließlich gelten die ersten Jahrzehnte des Zwanzigsten Jahrhunderts als Zeitraum einer besonders intensiven Internationalisierung der Volkswirtschaften, der allerdings durch zwei Weltkriege und eine große Weltwirtschaftskrise unterbrochen wurde. Weniger wichtig als eine exakte Jahreszahl für den Beginn des Globalisierungsprozesses ist eine Klärung dessen, was man darunter verstehen will. Werfen wir daher einen näheren Blick auf das Phänomen der Globalisierung.

Die Mehrheit der Ökonomen versteht unter Globalisierung einen Prozess, der gekennzeichnet ist durch

- einen starken Zuwachs der internationalen **Handelsströme** (Exporte und Importe an Waren und Dienstleistungen)
- zunehmend standortungebundenes Angebot an Dienstleistungen
- exorbitantes Anschwellen der internationalen **Finanz- und Kapitalströme**
- Zunahme der Zahl lukrativer und zugleich „sicherer" Standorte für unternehmerische Tätigkeit und damit verbundener Anstieg der grenzüberschreitenden **Direktinvestitionen**
- Erreichbarkeit weit entfernter Märkte auch für kleine Unternehmen über das Internet
- weltweite Verfügbarkeit und Austausch von Informationen über Internet und E-Mail.

Man mag in den oben hervorgehobenen Begriffen durchaus drei unterschiedliche Varianten des Globalisierungsprozesses sehen. Im Folgenden soll der Begriff der Globalisierung jedoch stets alle beschriebenen Phänomene umfassen.

Zwischen 1950 und 2005 ist der weltweite Warenhandel um den Faktor 31 gestiegen. Dies entspricht einer jährlichen Steigerung um 6,4 % gegenüber 3,9 % beim Welt-Bruttoinlandsprodukt. Dabei ist interessant, dass das größte Handelsvolumen zwischen Ländern mit ähnlicher volkswirtschaftlicher Struktur und geografischer Nähe stattfindet. Dies wird durch das sogenannte **Gravitationsmodell** des internationalen Handels erklärt. Es besagt, dass der Handel zwischen zwei Ländern (Länder A und B) von der Größe der Bruttoinlandsprodukte der beiden Länder sowie von der geografischen Entfernung zwischen ihnen abhängig ist. Je größer die Bruttoinlandsprodukte der Länder sind und je geringer die räumliche Distanz zwischen ihnen ist, umso höher fällt das Handelsvolumen zwischen den betrachteten Ländern aus. Das Gravitationsmodell lautet in seiner elementarsten Form:

$$H_{AB} = \frac{\alpha \cdot BIP_A \cdot BIP_B}{E_{AB}}$$

mit

H_{AB} = Handelsvolumen zwischen Land A und Land B
BIP_A bzw. BIP_B = Bruttoinlandsprodukt von Land A bzw. Land B
E_{AB} = Entfernung zwischen Land A und Land B
α = Konstante

Große Volkswirtschaften, die räumlich nahe beieinander liegen, werden somit ein größeres Handelsvolumen haben als kleinere Volkswirtschaften mit der gleichen geografischen Distanz. Umgekehrt werden gleich große Volkswirtschaften ein umso kleineres Handelsvolumen haben, je weiter entfernt sie voneinander liegen.

Vor dem Hintergrund des Gravitationsmodells ist es beispielsweise nicht verwunderlich, dass der quantitativ wichtigste Handelspartner Deutschlands nicht etwa China darstellt, sondern Frankreich. Andererseits haben die USA ein deutlich größeres Handelsvolumen mit ihren Nachbarländern Kanada und Mexiko, obwohl die Länder der Europäischen Union ein wirtschaftlich viel größeres Gewicht haben. In diesem Fall schlägt die geografische Nachbarschaft stärker zu Buche.

Viele technische Neuerungen haben in der Mitte des 19. Jahrhunderts die Voraussetzungen dafür geschaffen, dass der Prozess der Globalisierung ein bis dahin unbekanntes Ausmaß und Tempo annehmen konnte, so etwa die Erfindung des Dampfschiffs, der Eisenbahn und des Telegrafen bzw. des Telefons.

Neben der wirtschaftlichen Dimension hat Globalisierung auch andere Aspekte. So spricht man auch in politischer sowie in kultureller Hinsicht von Globalisierungstendenzen und meint damit Erscheinungen, die zum Teil weit über die rein ökonomische Perspektive hinausreichen.

Einige Fakten sollen die Dimension, die der Globalisierungsprozess in den vergangenen Jahrzehnten erreicht hat, verdeutlichen. Als wesentliche Voraussetzungen, unter denen es überhaupt zu einer derartigen Zunahme in der weltweiten Verflechtung der Volkswirtschaften kommen konnte, gelten:

- sinkende Transportkosten,
- sinkende Kosten für Kommunikation,
- sinkende Energiekosten sowie der
- Abbau von Zollschranken.

So sind etwa der Kommunikationskostenindex (bezogen auf ein dreiminütiges Telefongespräch von New York nach London) von 100 im Basisjahr 1930 auf 0,12 im Jahr 2005 gesunken; dies bedeutet, dass ein solches Gespräch im Jahr 1930 244,65 US-Dollar kostete, während es im Jahr 2005 nur noch mit 0,30 US-Dollar zu Buche schlug. Das entspricht einem Rückgang um 99,88%. **Kommunikationskosten** sind damit praktisch vernachlässigbar geworden. Bei den **Transportkosten** ist die Entwicklung nicht ganz so drastisch, jedoch ebenfalls beeindruckend. So fiel der Seefrachtkosten-Index zwischen 1930 und 1998 von

100 auf 35,0; die durchschnittlichen Seetransportkosten und Hafengebühren für Import- und Exportfracht pro short ton (907,17 kg) sanken in diesem Zeitraum von 60 auf 21 US-Dollar. Die Kosten für Lufttransporte sanken noch stärker: Der entsprechende Index sank zwischen 1930 und 1998 von 100 auf 11,8; der durchschnittliche Lufttransportumsatz pro Passagier und Meile sank von 0,68 auf 0,08 US-Dollar (alle Daten basierend auf Angaben der Bundeszentrale für politische Bildung).

Sinkende **Energiekosten** waren in der Vergangenheit ein weiterer Faktor, der den Prozess der Globalisierung ermöglichte bzw. beschleunigte. Hier bietet es sich an, den Preis des Rohöls als wichtigsten Energieträger zu betrachten. Der Ölpreis ist zwischen 1860 und 1960 – von diversen Schwankungen unterbrochen – tendenziell gesunken. Von Mitte der sechziger Jahre bis Ende der siebziger Jahre stieg der vom Hamburger Weltwirtschafts-Institut (HWWI) ermittelte Rohstoffpreisindex dann von 22,9 auf 165,8 (Basisjahr 2005 = 100). Verantwortlich hierfür waren die beiden schockartigen Ölpreissteigerungen Mitte und Ende der siebziger Jahre. Zwischen 1980 und 1998 sank der Rohstoffpreisindex dann drastisch von 165,8 auf einen Wert von 29,8. Diese Phase sinkender Energiekosten wird als wesentlicher Beschleunigungsfaktor für den Globalisierungsprozess betrachtet. Allerdings ist die Zeit sinkender Rohöl- und Energiepreise wohl endgültig vorbei – zumindest soweit es die bekannten erschöpfbaren Quellen betrifft. So ist etwa allein in China im Jahr 2004 als Folge des rasanten wirtschaftlichen Wachstums der Rohölverbrauch um 900.000 Barrel oder 16 % pro Tag (!) gestiegen. Dementsprechend ist der Ölpreis (Brent) zwischen 2004 und Mitte 2008 von über 40 US-Dollar auf über 140 US-Dollar gestiegen. Vorübergehend gebremst wurde dieser Trend durch den Ausbruch der Finanzkrise und den folgenden Wirtschaftseinbruch seit September 2008. Es ist jedoch absehbar, dass die Rohstoff- und Energiekosten im Zuge der wirtschaftlichen Entwicklung wieder steigen werden. Der Rohstoffpreisindex des HWWI lag im August 2009 bei einem Wert von knapp 125; gegenüber dem Tiefstand im Dezember des Jahres 2008 bedeutet das einen Anstieg von 38,2 % (in Euro) bzw. um 47,7 % (in US-Dollar).

Eine weitere wesentliche Voraussetzung für den Globalisierungsprozess, insbesondere für den Anstieg des weltweiten Waren- und Dienstleistungsaustausches ist der Abbau von **Zollschranken**. Zwischen 1947 und 1994 wurden die Zölle im Zuge der GATT-Verhandlungen weltweit deutlich gesenkt. Das GATT (General Agreement on Tariffs and Trade) ging am 1.1.1995 in der neu gegründeten Welthandelsorganisation (WTO) auf und stellt seitdem einen zentralen Bestandteil des Regelwerks der WTO dar. Der allergrößte Teil des grenzüberschreitenden Handels unterliegt diesen Regelungen. Allerdings ist nicht zu übersehen, dass Handelsbeschränkungen auch weiterhin existieren, selbst wenn Zollbelastungen tendenziell rückläufig sind. Zu nennen sind nichttarifäre Handelshemmnisse wie Subventionen, Selbstbeschränkungsabkommen, Anti-Dumping-Verfahren (wie aktuell von China im Handelsstreit mit den USA angekündigt) oder besonders strenge Produktstandards.

b. Globalisierung als gesellschaftliches und interkulturelles Phänomen

Globalisierung wird zunehmend skeptisch gesehen und trifft häufig auf ausgeprägte gesellschaftliche Widerstände. Wohl nicht von ungefähr ist ein Trend zum Regionalen, eine Besinnung auf das, was die eigene geografische Umgebung zu bieten hat, gegenwärtig en vogue. Diese Gegenbewegung zu einer Globalisierung, die vielfach als undurchschaubar und bedrohlich empfunden wird, hat viele Facetten und geht über eine rein ökonomische Sichtweise der Globalisierung hinaus.

Gelegentlich drängt sich allerdings der Eindruck auf, dass der Begriff der Globalisierung über eine sachgerechte Analyse hinaus vor allem in dreierlei Hinsicht instrumentalisiert wird: Erstens wird der Begriff als Generalerklärung für nahezu jede Art wirtschaftlicher Fehlentwicklung missbraucht; zweitens stellt er ein willkommenes Betätigungsfeld für selbst ernanntes Expertentum dar und drittens dient er als modernisierter Hintergrund für neu aufgenommene ideologische Grabenkämpfe. Dann überlagern sich Kritik am Kapitalismus und an der Globalisierung.

Doch Kapitalismuskritik sollte nicht mit Kritik an der Globalisierung vermischt oder gar gleichgesetzt werden. Gewiss ist die kapitalistische Wirtschaftsordnung ihrer Natur nach global ausgerichtet, denn Kapital sucht weltweit nach den profitabelsten Verwendungsmöglichkeiten. Allerdings profitieren auch nichtkapitalistische Wirtschaftssysteme von internationalem Handel und der Integration in die weltwirtschaftliche Arbeitsteilung. Beide, Kapitalismus und Globalisierung, brauchen jedoch wirtschaftspolitische Rahmensetzungen. Ungezügelter Kapitalismus kann ebenso zu einer Erosion des sozialen Gefüges einer Gesellschaft beitragen wie eine Globalisierung, die sich ohne alle ordnungspolitischen Rahmensetzungen ausbreitet.

Überdies ist Globalisierung mehr als ein rein ökonomisches Phänomen. Globalisierung als gesellschaftliches und interkulturelles Phänomen wird an vielen Stellen des täglichen Lebens greifbar und erlebbar. Als Beispiel wird sehr häufig die Fast Food-Kette McDonalds herangezogen. 1940 in Kalifornien eröffnet, gibt es heute kaum ein Land dieser Erde, in dem kein McDonalds Restaurant zu finden ist (falls dieser Begriff im Zusammenhang mit Fast Food überhaupt angemessen ist). Hier sprechen Soziologen kritisch von einer McDonaldisierung der Welt und sehen darin Anzeichen für eine als bedenklich eingestufte kulturelle Konvergenz der Welt, eine Art Standardisierungs- und Vereinheitlichungsprozess, der auf einer Dominanz westlicher Kulturen und ihrer Konsummuster basiert. Ob diese These zutrifft, muss an dieser Stelle unbeantwortet bleiben. Man könnte jedoch auch die These vertreten, dass diese kulturelle Konvergenz ein rein oberflächliches Phänomen ist. Unter dieser Oberfläche einer angeblichen Welteinheitszivilisation wären dann weiterhin regionale und nationale Traditionen und Besonderheiten zu finden, die sich vielleicht nicht in einem McDonalds-Restaurant, offenbaren. Dafür sind sie aber bei vielen anderen Veranstaltungen zu finden, etwa zur Pflege orts- und kulturspezifischen Brauchtums, auf unzähligen regionalen Wochenmärkten mit Produkten aus regional ansässiger Erzeugung, und vielem anderen mehr. Selbst McDonalds, der Protagonist der weltweiten kulturellen Vereinheitlichung, bietet in verschiedenen Ländern jeweils angepasste und kulturell integrierte Produktpaletten an, z. B. koscheres Essen in Israel bei Schließung der Restaurants am Sabbat, Verzicht auf jegliche Rindfleischgerichte in Indien, Einhaltung der Speisevorschriften in islamischen Ländern. Kann man also sagen, dass McDonalds die Kultur der Welt prägt, oder wird McDonalds nicht mindestens genauso von den vielen Kulturen dieser Welt geprägt?

2. Der monetäre Bereich der Volkswirtschaft

a. Monetäre und reale Sphäre

Eine Volkswirtschaft ohne Geld wäre vorstellbar. Aber sie wäre nicht besonders effizient. Es gäbe aller Voraussicht nach nicht jenes Maß an Arbeitsteilung und Spezialisierung, das unsere modernen Industriegesellschaften kennzeichnet und das eine Voraussetzung für den hohen Lebensstandard bildet, an den wir uns gewöhnt haben. In einer solchen Volkswirtschaft wäre die Durchführung von ökonomischen Transaktionen äußerst aufwendig und mit einigen prinzipiellen Schwierigkeiten verbunden, wie die folgende Skizze verdeutlicht:

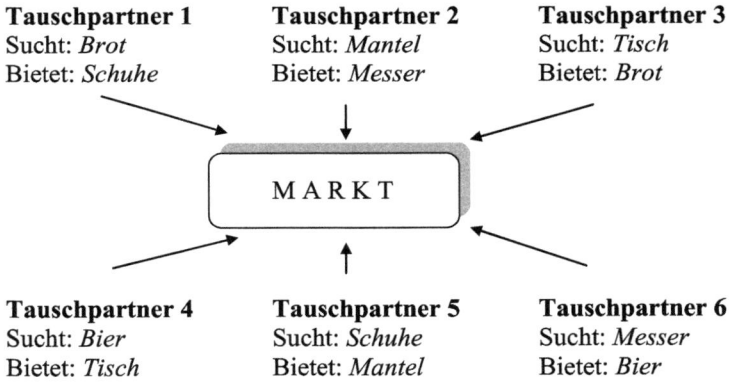

Abb. 2.1: Markt mit sechs Tauschpartnern

Wir haben hier einen einfachen Markt mit sechs potenziellen Tauschpartnern vor uns, die alle gewillt sind, eine ökonomische Transaktion, also einen Tausch, durchzuführen. Es handelt sich offensichtlich um einen Schuhmacher, einen Messerhersteller, einen Bäcker, einen Tischler, einen Mantelproduzenten und einen Bierbrauer (selbstverständlich geschlechtsneutral interpretiert – es kann sich auch um Frauen handeln).

Grundsätzlich müsste es möglich sein, dass alle ihre Tauschwünsche realisieren. Doch wäre dies in einer reinen **Tauschwirtschaft**, in der Ware gegen Ware getauscht wird, sehr kompliziert:

Abb. 2.2: Realer Tauschvorgang

Denn dies würde eine Reihe von „indirekten" Tauschvorgängen erforderlich machen. So könnte beispielsweise Tauschpartner 1 damit beginnen und seine Schuhe zunächst gegen einen Mantel eintauschen (damit hat Tauschpartner 5 seinen Transaktionswunsch realisiert, nicht jedoch unser Schumacher). Danach müsste er seinen Mantel gegen Messer tauschen (damit ist Tauschpartner 2 zufrieden), danach die Messer gegen Bier (damit ist Tauschpartner 6 zufrieden), das Bier gegen einen Tisch (Tauschpartner 4 ist zufrieden), und schließlich den Tisch gegen das von ihm selbst benötigte Brot (damit ist Tauschpartner 3 sowie er selbst zufriedengestellt).

Alternativ dazu könnte Tauschpartner 5 mit der Tauschkette beginnen, indem er seinen Mantel gegen Messer tauscht (Partner 2), die Messer gegen Bier (Partner 6), das Bier gegen einen Tisch (Partner 4), den Tisch gegen Brot (Partner 3) und schließlich das Brot gegen die von ihm eigentlich benötigten Schuhe (Partner 1).

Die durchgeführten Tauschvorgänge in diesem zweiten Fall würden sich so darstellen:

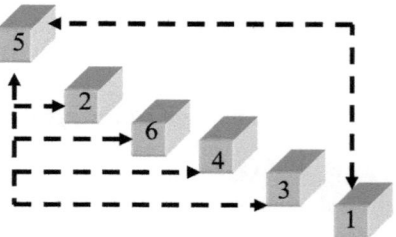

Abb. 2.3: Die „indirekte" Tauschkette (ohne Geld)

Jeder Doppelpfeil steht hierbei für einen Tausch „Ware gegen Ware". Es ist klar, dass ein solcher Tauschhandel sehr schnell zu kompliziert und unübersichtlich wird, so dass Tauschvorgänge unterbleiben und damit potenzielle Nutzengewinne, die aufgrund der Besserstellung durch Tauschhandel basieren, nicht zustande kommen.

Eine gewaltige Vereinfachung des dargestellten Tauschproblems ergibt sich, wenn man ein allgemein anerkanntes Medium einführt, das von allen Teilnehmern als Zahlungsmittel akzeptiert wird.

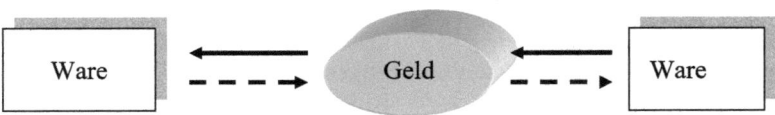

Abb. 2.4: Monetärer Tauschvorgang

Hier wird zuerst Ware (gestrichelter Pfeil links) gegen Geld getauscht (durchgezogener Pfeil links) – es wird also das, was man selbst anzubieten hat, verkauft – und mit dem eingenommenen Geld sodann das Gut gekauft, das man selbst benötigt (gestrichelter bzw. durchgezogener Pfeil rechts). Eine Reihe von Problemen fällt damit weg: Es ist nicht mehr nötig, einen passenden Tauschpartner zu finden und man muss sich nicht über das Austauschverhältnis zweier Güter einigen (was im obigen Beispiel nicht einfach sein dürfte; was ist etwa ein Messer in „Biereinheiten" ausgedrückt wert – und das Bier anschließend im Vergleich mit einem Tisch?)

Durch die Einführung eines allgemein akzeptierten Zahlungsmittels würden sich die Tauschvorgänge wie folgt vereinfachen:

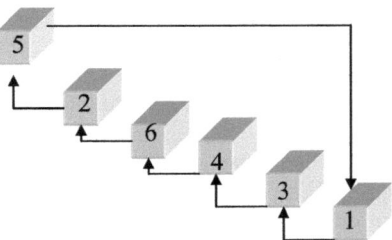

Abb. 2.5: Die „direkte" Tauschkette (mit Geld)

Hier steht jeder ankommende Pfeil für eine Geldeinnahme aus dem Verkauf eines Gutes an den Marktteilnehmer, der dieses Gut benötigt, und jeder abgehende Pfeil für einen Zahlungsausgang für den Kauf eines Gutes. So verkauft unser Tauschpartner 5 nun seinen Mantel an Tauschpartner 2 und kauft mit dem eingenommenen Geld die benötigten Schuhe von Tauschpartner 1. Und wenn wir zum Beispiel Partner 4 betrachten, so verkauft dieser seinen Tisch an Partner 3 und kauft mit dem eingenommen Geld von Partner 6 das gewünschte Bier.

Man beachte, dass hier nur die Geldströme eingezeichnet sind; zu jedem Geldstrom muss somit noch ein Güterstrom in umgekehrter Richtung dazu gedacht werden. Wir folgen damit einer in der allgemeinen Kreislaufanalyse üblichen Konvention.

In einer monetären Volkswirtschaft – also einer Wirtschaft, die über ein allgemein akzeptiertes **Tausch- und Zahlungsmittel** namens „Geld" verfügt, ist es somit kein Problem, ein hohes Maß an Arbeitsteilung und Spezialisierung zu realisieren.

Wir können nun leicht die Funktionen, die Geld in volkswirtschaftlicher Betrachtung ausübt, benennen. Geld ist

(1) allgemein akzeptiertes Tausch- und Zahlungsmittel
(2) Wertaufbewahrungsmittel
(3) Recheneinheit.

Die erste Funktion wurde gerade eingehend erläutert. Die zweite Funktion (Geld als **Wertaufbewahrungsmittel**) erklärt sich, wenn man bedenkt, dass der Wert eines verkauften Gutes so lange im eingenommenen Geld gespeichert wird, bis es wieder ausgegeben und gegen das benötigte Gut eingetauscht wird. Natürlich ist die Wertaufbewahrungsfunktion unmittelbar durch das Phänomen der Inflation bedroht. Hier liegt einer der Gründe dafür, dass das Ziel der Preisniveaustabilität für die Geldpolitik der meisten Zentralbanken eine hohe Priorität besitzt. Schließlich wird die Funktion einer **Recheneinheit** einsichtig, wenn man das Gesamtvolumen der getätigten Transaktionen angeben möchte. Dazu bewertet man einfach alle verkauften Güter mit ihrem jeweiligen Gegenwert in Geld (also ihrem „Preis") und addiert die ermittelten Werte.

Geld kann in ganz unterschiedlicher physischer Form in Erscheinung treten, etwa in früheren Zeiten als Warengeld (hier übernimmt eine als selten und werthaltig geschätzte Ware die Zahlungsmittelfunktion), oder später als Münzgeld, Papiergeld, bis hin zu modernen Erscheinungsformen wie dem Buchgeld (auf täglich fälligen Konten ohne entsprechendes Bargeld).

Tauschvorgänge werden in einer monetären Wirtschaft also unter Verwendung von Geld als allgemein akzeptiertem Zahlungsmittel abgewickelt. Dadurch ergibt sich ein wirtschaftlicher Kreislauf, wenn wir – im einfachsten Fall – die beiden Sektoren private Haushalte und Unternehmen unterscheiden:

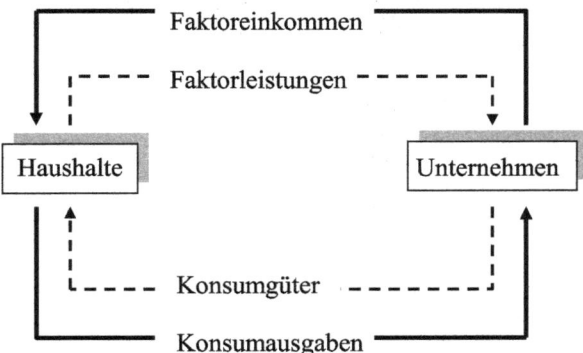

Abb. 2.6: Monetäre und reale Kreislaufströme

Die privaten Haushalte bieten den Unternehmen ihre Faktorleistungen (vor allem Arbeit) an und erhalten dafür ein Faktoreinkommen. Dem **realen** Strom der Faktorleistungen steht ein **monetärer** Strom in Gestalt der Einkommenszahlung gegenüber. Ebenso steht dem realen Strom der Konsumgüter, welche die Haushalte im Gegenzug von den Unternehmen beziehen, ein monetärer Strom der Konsumausgaben seitens der Haushalte gegenüber. Alle Phänomene in einer Volkswirtschaft, denen reale Ströme zugrunde liegen – etwa Produktion und Konsum – rechnet man folgerichtig der **realen Sphäre** dieser Volkswirtschaft zu. Die **monetäre Sphäre** hingegen wird durch die Geldströme und die mit ihnen in Verbindung stehenden Phänomene wie etwa Zins, Geldmenge oder Inflation charakterisiert.

b. Der institutionelle Rahmen: Die Zentralbank und die Geschäftsbanken

Aus institutioneller Sicht unterteilt man den monetären Sektor einer Volkswirtschaft in zwei große Bereiche, die Zentralbank und die Geschäftsbanken.

Die **Zentralbank** (auch als **Notenbank** bezeichnet) ist für das Geldangebot, die Steuerung der Geldmenge und die Geldversorgung der Wirtschaft sowie für die Setzung wichtiger monetärer Rahmenbedingungen zuständig. Mit ihrer Tätigkeit sendet sie geldpolitische Impulse aus, die über den monetären Sektor hinaus in die realwirtschaftliche Sphäre hineinwirken und dort die Zielgrößen der Geldpolitik beeinflussen. Ihre Hauptverantwortung liegt in der Sicherung der Preisniveaustabilität, sie trägt jedoch in aller Regel auch zur Erreichung anderer Ziele der Geldpolitik bei.

Es gibt eine Reihe von Aufgaben, die jede Zentralbank eines Landes oder eines Währungsraumes erfüllen muss:

Sie ist **Notenbank**, das heißt, dass sie das alleinige Recht zur Herausgabe neuer Banknoten hat. Zentralbanken steuern auf diese Weise einen wichtigen Teil der gesamtwirtschaftlichen Geldmenge, nämlich den Bargeldumlauf in der Volkswirtschaft. Allerdings ist das quantitative Gewicht, welches das Bargeld an der Geldmenge hat, eher gering. Es lag im ersten Quartal 2009 etwa bei 7,7 Prozent. Dennoch genießt das Bargeld aufgrund seiner höchstmöglichen Liquidität und der alltäglichen physischen Präsenz im Zahlungsverkehr traditionell eine sehr hohe Aufmerksamkeit.

Daneben wickelt die Zentralbank den Zahlungsverkehr im Inland sowie zwischen dem Inland und dem Ausland ab. Geschäftsbanken unterhalten ein Konto bei der Zentralbank, auf dem sie beispielsweise ihrer Verpflichtung zur Unterhaltung einer so genannten Mindestreserve nachkommen. Dabei handelt es sich um einen gewissen Prozentsatz (aktuell im Schnitt etwa zwei Prozent) auf alle Kundeneinlagen bei dieser Bank. Über dieses Konto bei der Zentralbank wird aber auch der Überweisungsverkehr zwischen den einzelnen Banken abgewickelt, etwa wenn ein Kunde 1, der sein Konto bei der Bank A hat, auf das Konto des Kunden 2 bei der Bank B Geld überweisen möchte. Daher ist die Zentralbank auch die **Bank der Banken**. Weil dieser Vorgang für unsere Alltagserfahrung so große Bedeutung hat, wollen wir ihn genauer betrachten.

Wie kommen beispielsweise 100 Euro vom Konto bei einer Bank A auf ein Konto bei einer anderen Bank B? Wir können ausschließen, dass dies etwa dadurch geschieht, dass Geldboten sich zwischen den Banken hin- und herbewegen oder die Bank A der Bank B per Telefon oder E-Mail den Auftrag gibt, Geld auf das Konto ihres Kunden zu buchen. Ersteres wäre völlig unpraktikabel und überdies zu riskant und zu teuer. Letzteres würde daran scheitern, dass ja noch gar kein Geld von Bank A zu Bank B geflossen ist. Hier kommt nun der Zentralbank die entscheidende Rolle zu. Nachdem sie von Bank A über die Überweisung unterrichtet wurde, transferiert sie das Geld vom Zentralbankkonto der Bank A auf das Zentralbankkonto der Bank B. Danach kann die Bank B den Betrag dem Konto ihres Kunden gutschreiben, denn nun hat sie den entsprechenden Betrag tatsächlich in „echtem" Geld erhalten, nämlich in Form einer Gutschrift auf ihrem Konto bei der Zentralbank:

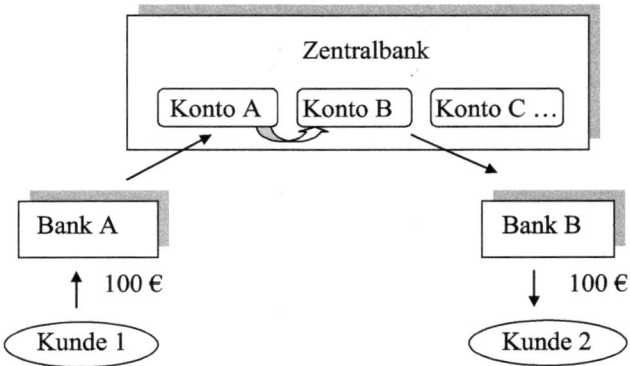

Abb. 2.7: Abwicklung des Zahlungsverkehrs

Kontoführende Institution innerhalb eines Landes des Euro-Währungsgebietes ist die jeweilige nationale Zentralbank, in Deutschland also die Deutsche Bundesbank. Für den grenzüberschreitenden Zahlungsverkehr hat die Europäische Zentralbank zusammen mit den nationalen Zentralbanken das TARGET-System (Trans-European Automated Real-time Gross settlement Express Transfer System) eingeführt, das am 19. November 2007 zum TARGET2-System weiterentwickelt wurde. Es dient der Abwicklung eilbedürftiger Überweisungen in Echtzeit; das bedeutet, dass die Zahlungen in einem automatisierten Verfahren kontinuierlich und umgehend abgewickelt werden. Schematisch lässt sich dies wie folgt verdeutlichen:

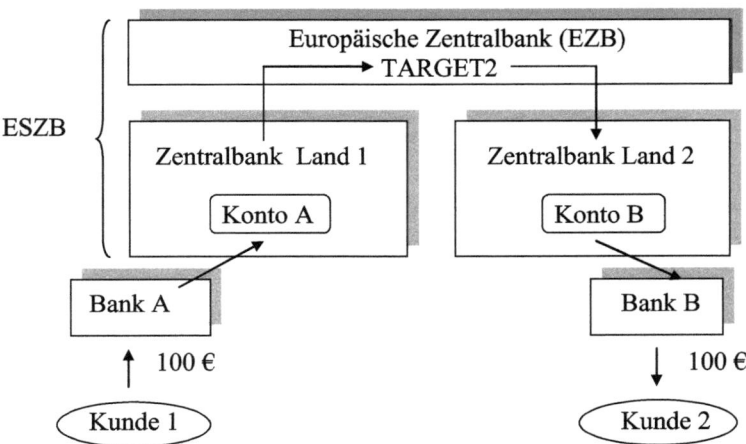

Abb. 2.8: Zahlungsverkehr mit TARGET2

Neben TARGET2 existieren drei weitere Zahlungsverkehrssysteme: EURO1, STEP1 und STEP2. Sie werden von der privaten Clearingorganisation EBA (Euro Banking Association) unterhalten.

Teil dieser Aufgabe (Zentralbank als Bank der Banken) ist es auch, die Banken mit neuer Liquidität zu versorgen. Dies geschieht primär auf dem Wege der Kreditgewährung. Für diese Kredite der Zentralbank an die Geschäftsbanken legt die Zentralbank den jeweils gültigen Leitzins zugrunde. Nicht zuletzt wirkt die Zentralbank in ihrer Funktion als Bank der Banken auch an der Bankenaufsicht mit.

Als **Bank des Staates** übernimmt die Zentralbank einige weitere Aufgaben. So wird auch der Zahlungsverkehr zwischen Institutionen der öffentlichen Hand über die Zentralbank abgewickelt. Bei der Mittelaufnahme am Kapitalmarkt berät und unterstützt die Zentralbank den Staat, und schließlich bringt die Zentralbank Münzen auf Rechnung des Staates in Umlauf. Eine Finanzierung staatlicher Haushaltsdefizite ist jedoch – zumindest soweit es die Europäische Zentralbank betrifft – ausgeschlossen.

Die vorrangige Aufgabe der Europäischen Zentralbank besteht in der Sicherung der Preisniveaustabilität und ist im Vertrag zur Gründung der Europäischen Gemeinschaft in der Fassung vom 7. Februar 1992 festgelegt („Maastricht-Vertrag"). Es gilt aber auch ein Unterstützungsgebot für die allgemeine Wirtschaftspolitik der Europäischen Gemeinschaft, allerdings nur insoweit, als es nicht mit dem Ziel eines wertstabilen Euro in Konflikt gerät.
Als **Währungsbank** schließlich übernimmt die Zentralbank die Rolle einer Hüterin der Währungsreserven. Die Währungsreserven eines Landes bestehen aus Fremdwährungsguthaben, die weit überwiegend in Dollar gehalten werden. Trotz der gegenwärtigen Finanz- und Wirtschaftskrise (die im Dollar-Raum ihren eigentlichen Ursprung hatte) und trotz der chinesischen Vorschläge zur Einführung einer neuen, auf Rohstoffbasis gegründeten Reservewährung muss der Dollar zumindest bis auf Weiteres als Welt-Leitwährung angesehen werden. Dies hat zur Folge, dass eben die Währungsreserven eines Landes bevorzugt in dieser Leitwährung angelegt werden, in aller Regel in Form von Staatsanleihen. Das Management und die Verwaltung dieser Gelder erfolgt durch die Zentralbank.

Die **Geschäftsbanken** haben eine andere Rolle zu spielen. In volkswirtschaftlicher Hinsicht sind sie in erster Linie für die Kreditversorgung der Wirtschaft, also der Unternehmen und der Verbraucher, zuständig. Wie wir an anderer Stelle noch näher untersuchen werden, sind die Geschäftsbanken über den Weg der Kreditvergabe auch an der so genannten Giralgeldschöpfung beteiligt. Dies ist neben der Zentralbankgeldschöpfung die zweite Komponente des gesamtwirtschaftlichen Geldangebots. Die Mittel, welche die Geschäftsbanken benötigen, um selbst Kredite vergeben zu können, erhalten sie entweder selbst auf dem Kreditweg (nämlich von der Zentralbank und über den Geldmarkt) oder in Form der Einlagen, die ihre Kunden einbringen. Letzteres ist der Grund, warum man die Geschäftsbanken volkswirtschaftlich in einer Vermittlerfunktion zwischen Kreditgebern und Kreditsuchenden sieht (die Darstellung bezieht die reinen Kreditvermittler nicht mit ein, da diese – im Gegensatz zu den Geschäftsbanken – keine Giralgeldschöpfungsfähigkeit besitzen):

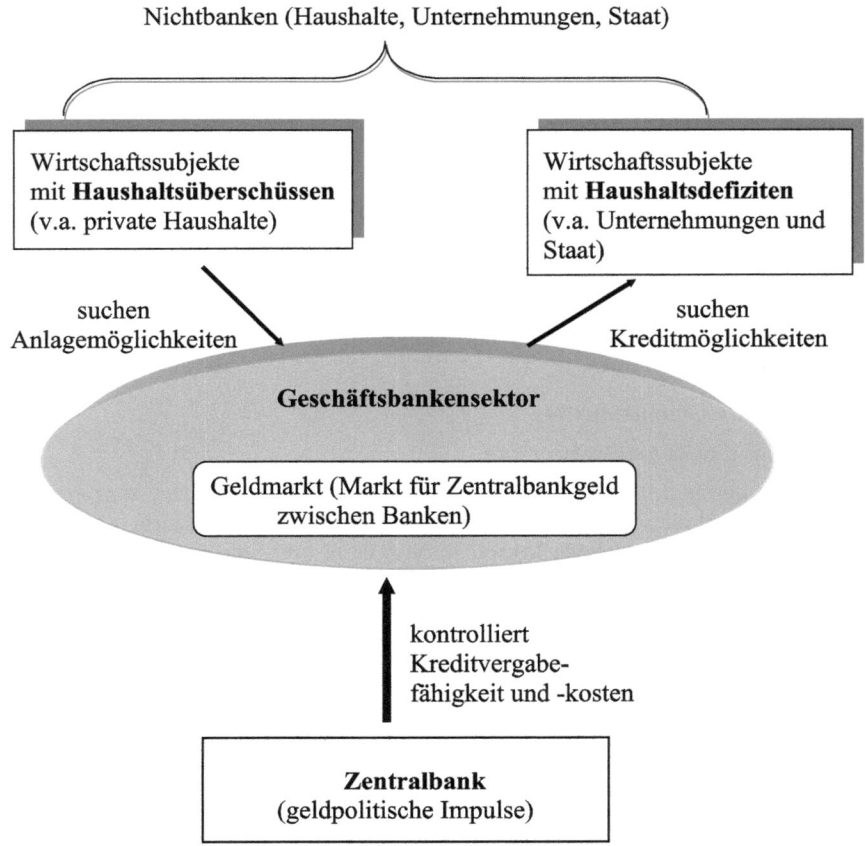

Abb. 2.9: Volkswirtschaftliche Funktionen des Geschäftsbankensektors

Darüber hinaus ist der Geschäftsbankensektor der Bereich der Volkswirtschaft, der als Erster von geldpolitischen Impulsen der Zentralbank – wie beispielsweise einer Leitzinssenkung – betroffen ist. Durch entsprechende Anpassungsreaktionen der Banken pflanzt sich ein solcher Impuls schließlich bis in die reale Sphäre der Wirtschaft fort. Auf diese Weise entsteht eine Wirkungskette (ein so genannter Transmissionsmechanismus) vom Beginn des Einsatzes eines geldpolitischen Instrumentes bis hin zu seiner letztendlichen Wirkung auf die eigentlichen Ziele der Geldpolitik. In diesem Zusammenhang spielt auch der so genannte Geldmarkt (in seiner Form als Markt für Zentralbankgeld zwischen Geschäftsbanken) eine wichtige Rolle. Auf diesem Markt bildet sich unter anderem der Tagesgeldsatz heraus, der von der Zentralbank durch zwei spezifische Leitzinsen innerhalb eines von ihr bestimmten Korridors gehalten wird.

In der Übertragung der geldpolitischen Impulse der Zentralbank in die realwirtschaftliche Sphäre der Volkswirtschaft liegt eine nicht zu unterschätzende Funktion des Geschäftsbankensektors, die im Alltag gleichwohl nur wenig Beachtung findet. Noch die meiste Aufmerksamkeit findet die Tatsache, dass Zinssenkungen der Zentralbank häufig nicht in vollem Umfang und nur mit spürbarer zeitlicher Verzögerung an die (Kredit-) Kunden der Geschäftsbanken weitergeleitet werden. Hierbei dürfte aber keine grundsätzliche Schwäche des Transmissionsmechanismus vorliegen, sondern eher eine nicht genügend stark ausgeprägte Wettbewerbssituation der Banken untereinander.

c. Monetäre Grundbegriffe

i. *Geld und Geldmengenkonzepte*

Historisch gesehen lag der Anfang des Geldes beim so genannten **Warengeld**. Hierbei übernahmen bestimmte Güter, die als besonders werthaltig angesehen wurden (z. B. Perlen, seltene Muscheln oder Gold und Silber) Geldfunktionen. Voraussetzung hierfür war, dass ein Gut nur schwer zu bekommen oder zu gewinnen ist, dass es durch seine physische Erscheinung geeignet erscheint, seinem Besitzer zu sozialem Prestige zu verhelfen, dass es transportabel und dass es teilbar ist, es also auch für wertmäßig kleinere Transaktionen verwendet werden kann.

Schnell hat sich in der Menschheitsgeschichte eine besondere Form des Warengeldes, nämlich das **Münzgeld** als besonders vorteilhaft erwiesen. Denn erstens lässt sich Münzgeld standardisieren, also mit bestimmten vorgegebenen Wertstufen ausstatten. Und zweitens eignet sich Münzgeld bestens zur Unterstreichung des Herrschaftsanspruches eines Staatsoberhauptes oder des Souveränitätsanspruches eines Staates. Wohl auch aus diesem Grunde hat der Staat bereits sehr früh in der historischen Entwicklung das Monopol zur Prägung von Münzgeld sowie das Recht zur Einstreichung des Münzgewinnes (das so genannte Münzregal) an sich gezogen.

Im Gegensatz zu Münzen mit Edelmetallgehalt gibt es bei **Scheidemünzen** einen kaum nennenswerten Materialwert. Scheidemünzen sind im heutigen Zahlungsverkehr die Regel (soweit es die Verwendung von Münzen betrifft) und bieten den Vorteil wesentlich niedrigerer Herstellungskosten und einer Verwendbarkeit auch für sehr kleine Wertbeträge. In Deutschland war die letzte im Umlauf befindliche Münze mit Silbergehalt das 5-DM-Stück, das Mitte der siebziger Jahre durch eine neue 5-DM-Münze ohne Edelmetallgehalt abgelöst wurde. Diese wurde dann bis zur Einführung des Euro verwendet.

Notengeld bietet weitere Vorteile: Es ist leichter zu transportieren, in größeren Wertstufen verwendbar und hat dennoch praktisch keinen Materialwert. Und auch die vorerst letzte Stufe in den Erscheinungsformen des Geldes bietet enorme Vorteile: **Sichteinlagen** existieren nur noch in Form elektronischer Buchungen auf Girokonten bei Geschäftsbanken. Über diese Guthaben kann mittels EC-Karte oder Geldkarte verfügt werden. Auf diese Weise kann die Verwendung von Bargeld zunehmend umgangen werden. Gleichwohl bleibt die Existenz von Bargeld unverzichtbar, denn Sichteinlagen werden letztlich nur deshalb als Zahlungsmittel akzeptiert, weil sie jederzeit in „richtiges" Geld – nämlich Bargeld – umgetauscht werden können.

Geld ist, was Geldfunktionen erfüllt. Dieser häufig zitierte Satz bringt zum Ausdruck, dass Geld nicht durch eine bestimmte physische Erscheinungsform charakterisiert zu sein braucht. Entscheidend ist vielmehr, dass Geld für das reibungslose Funktionieren einer Volkswirtschaft einige unverzichtbare Funktionen zu erfüllen hat, die wir weiter oben bereits besprochen haben. Es ist unmittelbar einsichtig, dass **Bargeld** (in Form von Münzen und Banknoten) diese Funktionen in jeder Hinsicht erfüllt. Aber auch die oben angesprochenen **Sichteinlagen**, das heißt Guthaben, die sich auf täglich fälligen Sichtkonten (Girokonten) befinden, sind heute praktisch genauso unproblematisch nutzbar wie Bargeld und müssen daher ebenfalls zum Geld im engsten Sinne gezählt werden. Die engste Abgrenzung der Geldmenge lautet daher:

$$M1 = BG_{NB} + EL(S)_{NB}$$

Hierbei steht BG_{NB} für die Bargeldbestände bei den Nichtbanken und $EL(S)_{NB}$ für die Sichteinlagen der Nichtbanken bei Geschäftsbanken. Der Index NB bedarf einer Erläuterung: Bargeld, das sich in den Kassen so genannter **Monetärer Finanzinstitute** (MFI) befindet, ist praktisch, wenn auch nur vorübergehend, dem Wirtschaftskreislauf entzogen, da es ja während dieser Zeit nicht für Transaktionen verwendet wird. Es wird daher aus der Definition der Geldmenge ausgeklammert. Zu den Monetären Finanzinstituten zählt die EZB sich selbst, die nationalen Notenbanken, sämtliche Geschäftsbanken und sonstigen Finanzinstitute wie etwa Bausparkassen. Nur wer nicht zu diesem MFI-Sektor zählt, fällt unter den Begriff „Nichtbanken". Mit ähnlicher Begründung zählen auch nur die Sichteinlagen des Nichtbankensektors bei den Geschäftsbanken zur Geldmenge M1. Hier sind also insbesondere die Einlagen der Banken sowie des Staates bei der Zentralbank – die so genannten **Zentralbankeinlagen** – aus der Erfassung der Geldmenge ausgeklammert.

M1 bezeichnet somit diejenige Geldmenge, die unmittelbar für Zahlungszwecke Verwendung findet. Hier ist der Liquiditätsgrad höchstmöglich. Es erscheint jedoch sinnvoll, noch umfassendere Geldmengenaggregate abzugrenzen, um einen möglichst vollständigen Überblick darüber zu erlangen, welches monetäre Volumen in einer Volkswirtschaft vorhanden ist. Daher werden zur unmittelbaren Geldmenge M1 sukzessive weitere geldnahe Größen (Geldsubstitute) hinzugerechnet. Auf diese Weise erhält man zwei weitere Abgrenzungen der Geldmenge:

$$M2 = M1 + EL(T)^{\leq 2J} + EL(SP)^{\leq 3\,Mon}$$

$$M3 = M2 + SV^{\leq 2J} + F(GM) + RG$$

Hierbei bedeuten

$EL(T)^{\leq 2J}$ = Termineinlagen mit maximal 2 Jahren Laufzeit

$EL(SP)^{\leq 3\,Mon}$ = Spareinlagen mit maximal dreimonatiger Kündigungsfrist

$SV^{\leq 2J}$ = Schuldverschreibungen mit maximal 2 Jahren Laufzeit

$F(GM)$ = Geldmarktfondsanteile

RG = Repogeschäfte

Die meisten dieser Begriffe dürften nicht weiter erklärungsbedürftig sein. Bei Schuldverschreibungen handelt es sich um eine bestimmte Form der öffentlichen Kreditaufnahme, also um festverzinsliche Wertpapiere wie etwa Pfandbriefe, Schatzanweisungen oder Kommunalobligationen. Repogeschäfte sind definiert als Wertpapierpensionsgeschäfte zwischen Banken und Nichtbanken.

Da uns Wertpapierpensionsgeschäfte in anderer Form – nämlich zwischen der Zentralbank und den Geschäftsbanken – noch eingehender beschäftigen werden, verschieben wir die Erläuterung dieses Begriffes auf den Abschnitt über die Instrumente der Geldpolitik.

Neben den drei Geldmengendefinitionen M1, M2 und M3 ist noch der Begriff der **Zentralbankgeldmenge** – auch als **Geldbasis** bezeichnet – von großer Bedeutung. Darunter versteht man jegliches unmittelbar von der Zentralbank eines Landes bzw. Währungsraumes geschaffene Geld. Zur Zentralbankgeldmenge gehört somit sämtliches Bargeld, das sich in Umlauf befindet (also auch das Bargeld in den Kassen der MFI) und ferner die Einlagen, die auf Konten bei der Zentralbank gehalten werden, die sogenannten Zentralbankeinlagen. In einer weiteren Begriffsabgrenzung fallen unter Letzteres Einlagen der MFI und staatlicher Institutionen, während eine engere Abgrenzung die staatlichen Einlagen bei der Zentralbank ausklammert:

$$ZBG^{weit} = BG + EL(Z) \quad \text{bzw.}$$

$$ZBG^{eng} = ZBG^{weit} - EL(Z)_{ST} = BG + EL(Z)_B$$

Wir wollen im weiteren Verlauf unter der Zentralbankgeldmenge immer ZBG in der weiten Abgrenzung verstehen.

ii. Inflation und Deflation

Die Wahrung der Geldwertstabilität gehört traditionell zu den vorrangigen Aufgaben einer Zentralbank. Für die Europäische Zentralbank ist dieses Ziel zuerst im Vertrag von Maastricht (Vertrag über die Europäische Union vom 7. Februar 1992, Protokolle, bzw. Vertrag zur Gründung der Europäischen Gemeinschaft i.d.F. vom 7. Februar 1992, Art 105 ff.) verankert worden. Mit der Unterzeichnung dieses Vertragswerks wurde die Einführung der europäischen Gemeinschaftswährung sowie die Gründung der Europäischen Zentralbank beschlossen.

Inflation ist ökonomisch definiert als ein allgemeiner Anstieg des Preisniveaus, verbunden mit einem Rückgang der Kaufkraft des Geldes. Eng damit verknüpft ist der Begriff des **Geldwerts**, der umgekehrt proportional an die Inflation gekoppelt ist. Steigt das Preisniveau an, sinkt also der Geldwert, und umgekehrt. Diese Beziehung verdeutlicht ein einfaches Beispiel: Der Wert eines 100-Euro-Scheins beispielsweise ist nichts anderes als der Warenkorb, den jemand für genau 100 Euro einkaufen kann. Versucht er nun ein Jahr später den gleichen Warenkorb noch einmal zu kaufen, so wird er in aller Regel feststellen, dass er nun etwas mehr als 100 Euro dafür bezahlen muss. Das Preisniveau dieses Warenkorbes ist somit gestiegen. Mithin ist der Geldwert des 100-Euro-Scheines gesunken, denn für diesen Betrag ist nur noch ein Warenkorb erhältlich, der etwas geringere Mengen der gekauften Güter beinhaltet.

Unter Deflation versteht man das Gegenteil von Inflation, nämlich ein Absinken des allgemeinen Preisniveaus. Statistisch gemessen wird die Inflationsrate durch den Preisindex der Lebenshaltung, der nach der Methode von Laspeyres ermittelt wird:

$$\frac{\sum_{i=1}^{n} p_{1i} \cdot q_{0i}}{\sum_{i=1}^{n} p_{0i} \cdot q_{0i}} = P_{[\text{Laspeyres}]}$$

p = Preis des Gutes i
q = Menge des Gutes i
0 = Basisperiode
1 = Berichtsperiode
i = Nummer des Gutes

Hier wird für einen festgelegten Warenkorb (das sogenannte Mengengerüst des Index) die Preisentwicklung der Güter zwischen einer Basisperiode 0 und einer Berichtsperiode 1 zueinander in Relation gesetzt, wobei die Gewichtung des Mengengerüstes konstant gehalten wird und aus der Basisperiode 0 stammt. Dies ist die Methodik, die von der Europäischen Zentralbank zur Berechnung des Harmonisierten Verbraucherpreisindex (HVPI) angewendet wird.

Problematisch ist, dass das Mengengerüst nach mehreren Jahren der Anwendung in mehrfacher Hinsicht veraltet sein wird: Es wird Güter enthalten, die für die Verbraucher keine große Bedeutung mehr haben und andere Güter, die zwischenzeitlich wichtiger geworden sind, unterrepräsentieren oder gar nicht enthalten. Dadurch kommt es zu Verzerrungen bei der Ermittlung der Inflationsrate, die als prozentuale Steigerungsrate des Preisindex angegeben wird. Ein weiteres Problem für die Inflationsmessung besteht in der stetigen Verbesserung der Produktqualität. Da diese auch die Preise der Produkte beeinflusst, besteht die Gefahr, dass die gemessene Inflationsrate nicht nur die reine Preisentwicklung misst, sondern erfasste Preiserhöhungen wenigstens zum Teil auf verbesserte Produktqualitäten zurückzuführen sind. Dieser Teil der Preisentwicklung darf aber streng genommen nicht dem Phänomen der Inflation zugerechnet werden, sondern müsste eigentlich aus der gemessenen Preissteigerungsrate herausgerechnet werden. Da dies jedoch mit vertretbarem Aufwand kaum möglich ist, fällt der Anstieg der Lebenshaltung tendenziell eher zu hoch aus.

Die Europäische Zentralbank trägt diesen Überlegungen dadurch Rechnung, dass sie in ihrer Geldpolitik das Ziel der Preisstabilität als einen Anstieg des HVPI von unter, aber nahe zwei Prozent operationalisiert. Damit signalisiert sie, dass aus Vorsichtsgründen eine leicht positive Inflationsrate wünschenswert erscheint, um ein Abrutschen der Wirtschaft in eine Deflation – die aus den genannten Gründen bereits bei einer gemessenen Inflationsrate von deutlich unter 2% einsetzen könnte – zu vermeiden.

Das Ziel der Preisniveaustabilität genießt deshalb so hohe Priorität, weil mit Inflation einige gravierende negative Folgen verbunden sind. Hervorzuheben sind:

1. **Störung der Allokationsfunktion**: Ein marktwirtschaftliches System ist darauf angewiesen, dass relative Preisänderungen als Knappheitssignale interpretiert werden können. Aus ökonomischem Eigeninteresse reagieren Unternehmen auf diese Knappheitssignale und setzen ihre Ressourcen so ein, dass diese letztlich einen größtmöglichen Beitrag zur Reduzierung von Knappheiten leisten. Damit wird eine volkswirtschaftlich effiziente Allokation der Ressourcen gewährleistet. Dieser marktwirtschaftliche Selbststeuerungsmechanismus wird durch Inflation in zweifacher Hinsicht blockiert, denn wenn alle Preise inflationsbedingt steigen, lassen sich relative Preisänderungen nur sehr schwer oder gar nicht ausmachen. Überdies überwiegt in Zeiten von Inflation das Bestreben nach einer Absicherung gegen die Geldentwertung, sodass verfügbare Mittel immer weniger in produktive Verwendungen fließen. Dies mindert das Wachstumspotenzial der Wirtschaft.

2. **Verteilungswirkungen**: Bezieher von tariflich oder gesetzlich fixierten Einkommen können nicht damit rechnen, dass die reale Entwertung ihres Einkommens zeitnah durch steigende Nominaleinkommen ausgeglichen wird. In aller Regel wird es eine deutliche zeitliche Verzögerung geben, bevor diese Einkommen auf das steigende Preisniveau reagieren (Lohn-Lag bzw. Transfer-Lag). Überdies werden steigende Nominaleinkommen auch durch das progressive Einkommensteuersystem höher belastet, sodass selbst bei einer Anpassung des Nominaleinkommens an die Inflationsrate der reale Gegenwert des Einkommens sinkt. Hier macht sich die so genannte „kalte Progression" bemerkbar. Schließlich sind Besitzer von Finanzvermögen sowie Gläubiger benachteiligt, denn der reale Wert von Finanzvermögen und Schulden nimmt wegen der Inflation ab.

Wenn etwas schlecht ist, bedeutet das nicht notwendigerweise, dass das Gegenteil gut ist. So ist auch Deflation mit volkswirtschaftlichen Risiken verbunden. Sinkende Preise bedeuten für die Unternehmen sinkende Umsätze. Dies führt zu unternehmerischen Reaktionen in Form von Produktionseinschränkungen, Einkommensrückgängen, sinkender Nachfrage, weiter sinkenden Preisen, neuerlichen Produktionseinschränkungen, bis hin zu Entlassungen und steigender Arbeitslosigkeit. Mithin ist Deflation regelmäßig ein Anzeichen einer wirtschaftlichen Krisensituation und droht, sich in einer Abwärtsspirale selbst zu verfestigen. Deflationstendenzen sind daher ebenso entschlossen zu bekämpfen wie die Inflation.

iii. Geldangebot, Geldnachfrage und Quantitätstheorie

Inflation kann verschiedene Ursachen haben. Grundsätzlich unterscheidet man zwischen nachfrageseitiger, angebotsseitiger und geldmengenseitiger Inflation. Bei der ersten Form, der **nachfrageseitigen Inflation**, ist die Ursache in einem Ungleichgewicht auf dem makroökonomischen Gütermarkt zu sehen. Wenn die gesamtwirtschaftliche Nachfrage das Angebot übersteigt – wie dies in einer Hochkonjunktur der Fall ist –, dann wird die unbefriedigte Nachfrage sich in Preissteigerungen Luft verschaffen. Die Unternehmen werden die Gelegenheit nutzen, um den Nachfragern höhere Preise abzuverlangen, und die Nachfrager werden bereit sein höhere Preise zu bezahlen, weil die gute wirtschaftliche Situation für Einkommenszuwächse sorgt.

Bei der **angebotsseitigen Inflation** sind die Ursachen in aller Regel in Kostensteigerungen der Unternehmen zu finden. Hier können steigende Rohstoffpreise, Erhöhungen der Kostensteuern seitens des Staates (Mehrwertsteuer) oder auch Lohnsteigerungen, die über den Zuwachs der Arbeitsproduktivität hinausgehen, benannt werden.

Schließlich kann der Auslöser eines Inflationsprozesses auch in einem Ungleichgewicht zwischen Geldmenge und Güterproduktion zu suchen sein **(geldmengenseitige Inflation)**. Wenn das Wachstum der umlaufenden Geldmenge den Zuwachs der realen Gütermenge übersteigt, dann wird ein sinkender realer Gegenwert des Geldes (was nichts anderes als Inflation bedeutet) die nahezu zwangsläufige Folge sein, zumindest in langfristiger Sichtweise und wenn keine anderen Faktoren (etwa sinkende Rohölpreise) dem entgegenwirken. Die Begründung für diese Aussage ist in der bekannten Quantitätstheorie zu finden. Sie geht von dem Grundgedanken aus, dass ein Anstieg der Geldmenge in volkswirtschaftlicher Sicht entweder zu aktiver oder passiver Verwendung führen kann.

Bei aktiver Verwendung steht die Zahlungsmittelfunktion des Geldes im Vordergrund, zusätzlich umlaufende Geldmenge wird also für zusätzliche Güterkäufe verwendet. Als Folge dieses Anstiegs der gesamtwirtschaftlichen Nachfrage kommt es entweder zu einem Anstieg der Produktion w(Y) – bei noch nicht ausgelasteten Produktionskapazitäten – oder zu einem Anstieg des Preisniveaus w(P), wenn die Volkswirtschaft bereits an ihrer Kapazitätsgrenze produziert. Passive Verwendung hingegen liegt vor, wenn die zusätzliche Geldmenge lediglich der liquiden Vermögenshaltung dient. Da in diesem Fall die Geldmenge gestiegen ist, ohne dass sich Preis- oder Mengenänderungen ergeben, liegt ein Rückgang der Umlaufgeschwindigkeit – w(v) vor. Fasst man diese prinzipiellen Überlegungen in einer Gleichung zusammen, so gilt:

W(M) = w(Y) + w(P) - w(v)

Eine Umformung dieser Gleichung in Absolutgrößen ergibt

$$M = \frac{Y \cdot P}{v}$$

oder

M · v = P · Y

Dies ist die bekannte Quantitätsgleichung, die nichts anderes zum Ausdruck bringt, als dass eine bestimmte Geldmenge, die mit ihrer Umlaufgeschwindigkeit multipliziert wird, ein bestimmtes nominales Volkseinkommen Y_n (mit Y_n = P · Y) ergibt. Aus dieser Identitätsgleichung ergibt sich durch Umformung eine Erklärungsaussage über die Bestimmung des Preisniveaus:

$$P = \frac{M \cdot v}{Y}$$

Das Preisniveau hängt also bei längerfristiger Betrachtung vom Verhältnis zwischen umlaufender Geldmenge (oder effektiver Geldmenge, M · v) und Gütermenge Y ab. Diese Erkenntnis legen die meisten Zentralbanken in irgendeiner Form bei der Gestaltung ihrer Geldpolitik zugrunde oder berücksichtigen sie zumindest.

Die umlaufende Geldmenge schließlich wird wesentlich bestimmt durch das Zusammenspiel zwischen Geldangebot und Geldnachfrage. Unter **Geldangebot** verstehen wir die Geldmenge, die eine Zentralbank in Umlauf bringen möchte, die sie also der Volkswirtschaft sozusagen „anbietet". Unter **Geldnachfrage** hingegen versteht man die von den Wirtschaftssubjekten freiwillig in liquider Form gehaltene Geldmenge (sogenannte Kassenhaltung). Beides, Geldangebot und Geldnachfrage, beschäftigt uns im Folgenden eingehend. Zuvor sollen aber noch einige weitere monetäre Grundbegriffe geklärt werden.

iv. Weitere begriffliche Grundlagen

Zur Beschreibung und Analyse der monetären Sphäre einer Volkswirtschaft sind weitere Begrifflichkeiten notwendig. Wir gehen im Folgenden auf die grundlegenden Begriffe Währung, Zins und Kreditmarkt ein. Für darüber hinausgehende Begriffsklärungen empfiehlt es sich, auf ein gängiges Lexikon – etwa das Lexikon der Volkswirtschaft, auf das im Literaturverzeichnis verwiesen wird – zurückzugreifen.

Mit dem Begriff **Währung** bezeichnet man üblicherweise die konkrete Geldeinheit eines Landes oder Währungsraumes. Euro, Dollar, Pfund Sterling oder Yen sind also die jeweiligen Bezeichnungen der Währung in den Ländern der Europäischen Union, die den Euro als allgemeines Zahlungsmittel verwenden, in den Vereinigten Staaten, in Großbritannien bzw. in Japan. Eine Währung übernimmt also sämtliche Funktionen, die dem Geld zukommen; Fremdwährungen sind dabei Zahlungsmittel, die in anderen Ländern oder Währungsräumen Gültigkeit haben, nicht jedoch im eigenen. Man beachte, dass Fremdwährungen in aller Regel (von Ausnahmen abgesehen) im eigenen Land nicht die Funktion eines Zahlungsmittels und einer Recheneinheit übernehmen können, sehr wohl jedoch die Funktion eines Wertaufbewahrungsmittels: Mit Dollars kann man in Deutschland nicht bezahlen, man kann aber über ein Vermögen in Dollar verfügen.

Als **Zins** bezeichnet man den Preis, den ein Schuldner an einen Gläubiger für die Gewährung eines Kredits bezahlen muss. In dieser Abgrenzung erscheint der Zins als ein monetäres Phänomen. Betrachtet man den Zins jedoch unter einem anderen Blickwinkel, so wird deutlich, dass ihm eigentlich ein reales Phänomen zugrunde liegt. Denn Kreditaufnahme gilt praktisch immer dem Kauf von Gütern, die ansonsten erst später verfügbar gewesen wären. So zeigt sich der Zins als Preis für die frühere Verfügbarkeit bzw. die spätere Bezahlung von Gütern.

Für die Bestimmung der Zinshöhe ist – neben den geldpolitischen Vorgaben der Zentralbank – das Geschehen auf den **Kreditmärkten** entscheidend. Kreditmärkte sind Märkte, auf denen Angebot an Krediten und Nachfrage nach

Krediten zusammentreffen. Marktteilnehmer sind Unternehmen, private Haushalte, der Staat, die Geschäftsbanken sowie die Zentralbank selbst. Man unterscheidet die Kreditmärkte nach

(1) der Laufzeit der gehandelten Kredite: Kurzfristige (bis zu einem Jahr), mittelfristige (1 bis 4 Jahre) und langfristige Märkte (länger als 4 Jahre)
(2) Schuldnergruppen (Kredite an Unternehmen, private Haushalte, öffentliche Haushalte) sowie nach der
(3) Art der gehandelten Kredite (u. a. Buchkredite, Wechsel und Darlehen).

Die Deutsche Bundesbank verwendet eine differenziertere Klassifikation und unterscheidet Buchkredite, Wechsel, Schatzwechsel und börsenfähige Geldmarktpapiere von Nichtbanken, Wertpapiere von Nichtbanken und Ausgleichsforderungen.

Im kurzfristigen Bereich ist der **Geldmarkt** von besonderer Bedeutung. Er begegnete uns bereits in der Makroökonomik, wurde dort allerdings in einem eher modelltheoretisch motivierten Sinne verwendet. Im hier gegebenen Kontext versteht man unter dem Geldmarkt den Markt innerhalb des Finanzsektors, auf dem mit Zentralbankgeld gehandelt wird. Dabei sind die wichtigsten Marktteilnehmer zum einen die Geschäftsbanken, die sich untereinander Geld leihen können (Interbanken-Geldmarkt) und zum anderen die Zentralbank, die Geldmarktpapiere kaufen bzw. verkaufen kann.

Der mittelfristige Kreditmarkt ist als Markt für **Bankkredite** und **Bankeinlagen** uns allen am besten bekannt. Hier geschieht das tägliche Geschäft zwischen Banken und ihren Kunden, soweit es um die Gewährung von Krediten und die Anlage von Spargeldern geht. Die Finanzierung von Immobilien hingegen ist ein eigenständiger Bereich und wird wegen der besonders langen Laufzeiten von Immobilienfinanzierungen dem langfristigen Kreditmarkt zugeordnet.

Besondere Bedeutung hat der Begriff des Kapitalmarkts, der ebenfalls dem langfristigen Bereich zuzuordnen ist. Er umfasst neben dem Hypothekenmarkt (den man auch dem Kapitalmarkt zuordnen kann) den Markt für Aktien und für festverzinsliche Wertpapiere. Letzterer wird auch als Rentenmarkt bezeichnet. Der Kapitalmarkt dient der längerfristigen Kapitalbeschaffung von Unternehmen, privaten Haushalten und Staat, die für die Finanzierung von Investitionen oder anderen Ausgaben Kapital entweder leihweise (Fremdkapital) oder in der Form von Eigenkapital aufnehmen möchten. Genauso bietet der Kapitalmarkt denjenigen Wirtschaftssubjekten, die längerfristige Anlagemöglichkeiten suchen, die Gelegenheit zur Erzielung einer marktüblichen Rendite.

Auf jedem der angesprochenen Kreditmärkte kommt es durch das Aufeinandertreffen von Angebot und Nachfrage zu einem Preis, also zu einem spezifischen Zinssatz. So spricht man im Falle des Geldmarktes vom **Geldmarktzinssatz**, der je nach vereinbarter Laufzeit oder Kündigungsfrist als Tagesgeldsatz, Wochengeldsatz, Monatsgeldsatz usw. bezeichnet wird (weitere typische Laufzeiten neben den genannten sind drei, sechs, neun oder zwölf Monate).

Die **Soll-** und **Habenzinsen** bilden sich am Markt für Bankkredite und Bankeinlagen. Die wichtigste Art der Bankkredite sind nach Angaben der Deutschen Bundesbank mittlerweile die Buchkredite, also die Überziehungskredite auf Sichtkonten. Diese Art der Kreditaufnahme ist allerdings in der Regel auch die teuerste. Bei den Bankeinlagen gibt es unterschiedliche Zinsen für Sichteinlagen, Termineinlagen und Spareinlagen, die in der Regel mit längerer Laufzeit ansteigen.

Der **Kapitalmarktzins** ist der Zins für längerfristig angelegtes Geld auf dem Kapitalmarkt. Operationalisiert wird er für gewöhnlich als durchschnittliche Umlaufrendite öffentlicher Anleihen, also als ein gewichteter Effektivzins aus einer Reihe von festverzinslichen Wertpapieren der öffentlichen Hand. Betrachtet man für ein umlaufendes (also an der Börse täglich gehandeltes) festverzinsliches Wertpapier die Relation zwischen nominaler Verzinsung und tagesaktuellem Kurs, so erhält man die Rendite bzw. den Effektivzins dieses Wertpapiers (bei Stückelung auf 100 €):

$$z = \frac{j \cdot 100}{\text{Kurs}}$$

Steigt der Kurs eines solchen festverzinslichen Papiers, so sinkt also seine Rendite und umgekehrt. Am Kapitalmarkt besteht ein inverser Zusammenhang zwischen der Kursentwicklung am Rentenmarkt und dem Kapitalmarktzins: Steigende Nachfrage nach Rentenpapieren führt zu einem rückläufigen Kapitalmarktzins.

Prinzipiell kann man in die Berechnung eines Kapitalmarktsatzes auch die Rendite von Aktien, also das Verhältnis zwischen Dividende und Börsenkurs, einbeziehen. Es ist daher wichtig, bei der Verwendung des Begriffes genau darzulegen, welche Wertpapiere in die Effektivzinsberechnung eingehen.

Schließlich soll noch der Begriff der **Leitzinsen** geklärt werden. Grundsätzlich wird der Leitzins von der Zentralbank vorgegeben und bezeichnet den Zins, den die Geschäftsbanken für eine Refinanzierung bei der Zentralbank bezahlen müssen. Die Leitzinsen der Europäischen Zentralbank sind vor allem der Zins für das Hauptrefinanzierungsgeschäft mit einwöchiger Laufzeit, der Zins für längerfristige Refinanzierungsgeschäfte (mit Laufzeiten von dreimonatiger, sechsmonatiger oder noch längerer Laufzeit), der Zins für die Spitzenrefinanzierungsfazilität und der Zins für die Einlagefazilität.

Das **Hauptrefinanzierungsgeschäft** ist ein sogenanntes Wertpapierpensionsgeschäft. Hierbei kauft die Zentralbank den Geschäftsbanken festverzinsliche Wertpapiere öffentlicher Emittenten ab, wobei sich die Geschäftsbanken verpflichten, diese nach einer Woche wieder zurückzukaufen. Den Banken wird auf diese Weise Liquidität zugeführt, die allerdings nach einer vereinbarten Zeitspanne wieder an die Zentralbank zurückfließt. Der Sinn dieser Konstruktion liegt darin, dass durch gezielte Variation des Volumens der Anschlussgeschäfte – immer wenn ein Hauptrefinanzierungsgeschäft ausläuft, wird ein neues geschlossen – die Liquiditätsausstattung des Geschäftsbankensystems zielgenau von der Zentralbank gesteuert werden kann. Das Hauptrefinanzierungsgeschäft hat schon seit längerer Zeit die Rolle des wichtigsten geldpolitischen Instruments übernommen. Der Zins, den die Geschäftsbanken für diese Form der Liquiditätsbereitstellung durch die Zentralbank zu zahlen haben, gilt heute als der Leitzins der EZB schlechthin. Längerfristige Refinanzierungsgeschäfte funktionieren im Prinzip analog, wobei die Laufzeit und der Turnus, in dem die Geschäfte durchgeführt werden, natürlich abweichen.

Die **Spitzenrefinanzierungsfazilität** gibt den Geschäftsbanken die Möglichkeit, einen außerordentlichen Refinanzierungsbedarf kurzfristig, d. h. über Nacht, bei der EZB zu decken. Dies stellt eine Alternative zur Kreditaufnahme am Interbankenmarkt dar, bei der der Tagesgeldsatz zu bezahlen wäre. Man kann deshalb sagen, dass der Zins für die Spitzenrefinanzierungsfazilität die Obergrenze für den Tagesgeldsatz am Geldmarkt darstellt, da keine Bank bereit sein wird, am Geldmarkt einen höheren Zins zu bezahlen, wenn sie die Liquidität über die Spitzenrefinanzierungsfazilität günstiger erhalten würde.

Spiegelbildlich hierzu stellt der Zins für die Einlagefazilität die Untergrenze für den Tagesgeldsatz dar. Bei der Einlagefazilität können die Geschäftsbanken über Nacht Einlagen bei der EZB tätigen und so überschüssige Liquidität zu einem (wenn auch geringeren) Zins „parken". Da keine Bank bereit sein wird, diese Liquidität am Geldmarkt für einen geringeren Zins an eine andere Bank zu verleihen, kann der Tagesgeldsatz nicht unter den Zinssatz für die Einlagefazilität sinken. Damit hat die EZB ein Instrumentarium an der Hand, mit dem sie einen Korridor bilden kann, innerhalb dessen sich der Zinssatz für Tagesgeld am Geldmarkt stets bewegen wird.

Teil II: Theorie und Praxis der Geldpolitik

3. Die Mechanismen der Geldschöpfung

Wir haben bisher die komplexen Zusammenhänge der Geldschöpfung und der Geldvernichtung, d. h. also die Frage, wie Geld eigentlich in den Wirtschaftskreislauf gelangt und wie es ihm wieder entzogen wird, auf eine sehr einfache Weise umgangen. Vor allem im Kontext der makroökonomischen Modellbildung war es hilfreich und vertretbar, diesen Themenkomplex dadurch gleichsam auszuklammern, indem wir von einem autonom festgesetzten Geldangebot der Zentralbank ausgegangen sind und überdies vorausgesetzt hatten, dass die Zentralbank die umlaufende Geldmenge in einer Volkswirtschaft zuverlässig steuern kann. Diese Annahmen machten die Geldmenge in modellanalytischer Hinsicht zu einer exogen gegebenen Größe. Diese Vereinfachung geben wir nun auf und fragen nach den Mechanismen, die für das Zustandekommen einer konkreten Höhe der Geldmenge verantwortlich sind. Dabei ist zu unterscheiden zwischen Geldschöpfung, die durch die Zentralbank erfolgt (Zentralbankgeldschöpfung) und Geldschöpfung, für die das Geschäftsbankensystem verantwortlich ist (Giralgeldschöpfung). Des Weiteren spielt auch die Geldnachfrageseite eine wichtige Rolle:

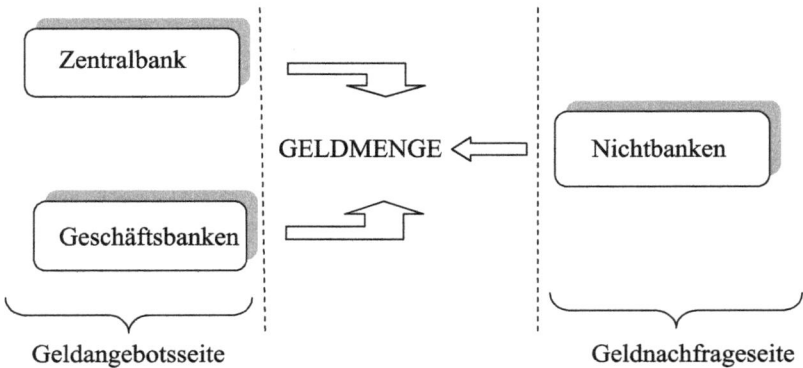

Abb. 3.1: Einflussfaktoren auf die Geldmenge

a. Geldschöpfung durch die Zentralbank

i. Beispiele zur Zentralbankgeldschöpfung

Wir beginnen mit der **Zentralbankgeldschöpfung** und betrachten hierzu ein einfaches Beispiel. Die Zentralbank kauft von einer Geschäftsbank Fremdwährungen (Devisen, D) im Gegenwert von 1000 Euro. Nehmen wir für den Beginn an, die Zentralbank gibt der Geschäftsbank den Gegenwert der Devisen in bar (Bargeld, BG). Was hat sich dadurch für die beiden Partner dieser Transaktion verändert?

Zum einen hat die Geschäftsbank in ihrer Bilanz einen Aktivtausch vorgenommen, zum anderen hat sich bei der Zentralbank eine Bilanzverlängerung ergeben:

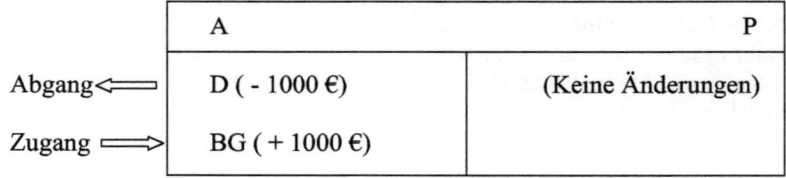

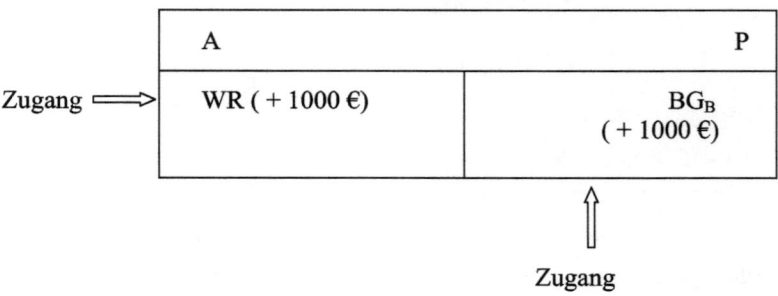

Abb. 3.2: Beispiel zur Zentralbankgeldschöpfung (1)

Dass sich in der Bilanz der Geschäftsbank ein Aktivtausch einstellt, ist unmittelbar einleuchtend. Sowohl Fremdwährungsguthaben (Devisen) als auch Bargeld stellen für die Bank einen Vermögenswert dar und sind somit auf der Aktivseite zu erfassen. Beide Aktiva besitzen jedoch im ökonomischen Sinne auch einen Forderungscharakter, denn für 1000 € lassen sich Güter im Wert dieses Betrages erwerben (Anspruch auf inländische Güterproduktion bzw. Güterproduktion im Euro-Währungsraum), während sich für den Gegenwert von 1000 € in Devisen ausgedrückt (z. B. 1300 $) ein Anspruch auf ausländische Güterproduktion in eben dieser Höhe ergibt.

Auch für die Zentralbank ist der Besitz der Devisen im Gegenwert von 1000 €, die sie durch den Kauf von der Geschäftsbank erworben hat, ein Vermögenswert und hat gleichzeitig Forderungscharakter. Devisenbestände werden in der Bilanz der Zentralbank als **Währungsreserven** (WR) gekennzeichnet. Doch warum erscheint die Zunahme des Bargeldumlaufs auf der Passivseite und nicht als Abnahme auf der Aktivseite? Dieses Vorgehen wird verständlicher, wenn wir für einen Moment von den Gegebenheiten einer **Goldkernwährung** ausgehen, wie es bis Mitte der siebziger Jahre beim US-$ der Fall war. In einem solchen Währungssystem verpflichtet sich die Zentralbank, jegliches von ihr in Umlauf gebrachte Geld durch eine entsprechende, zuvor festgelegte Menge an Gold zu „decken". Der Vorteil eines solchen Systems (der freilich durch Nachteile an anderer Stelle erkauft wird) liegt auf der Hand: Erstens ist die Vermehrung der umlaufenden Geldmenge an das Vorhandensein von ausreichenden Goldreserven gebunden und somit limitiert. Eine inflationäre Geldvermehrung ist praktisch nicht möglich. Zweitens vermittelt eine solche Währung ihren Nutzern die Vorstellung eines realen Gegenwertes, nämlich das Gold, das hinter einem auf Papier gedruckten Geldschein steht – selbst wenn keine unmittelbare Umtauschverpflichtung in Gold seitens der Zentralbank besteht. Letzteres wäre nur in einem System des **Goldstandards** der Fall, wie er bis zum Ende des Ersten Weltkriegs existierte. Damit ist auch klar, dass die Zentralbank, wenn sie neue Geldscheine in Umlauf bringt, eine Verbindlichkeit eingeht. Sie muss gewährleisten, dass sie in der Lage ist, den Gegenwert dieses Geldes in Form von Gold vorrätig zu haben. Folglich muss der Bargeldumlauf auf der Passivseite ihrer Bilanz erfasst werden.

Doch wir haben heute weder einen Goldstandard noch eine Goldkernwährung. Worin ist also der reale Gegenwert des Geldes in heutiger Zeit zu sehen? Wie wir bereits festgestellt haben, ist dies nichts anderes als die Gütermenge, die für einen bestimmten Geldbetrag zu kaufen ist. Die zentrale Aufgabe einer Zentralbank besteht ja gerade darin, diesen Geldwert möglichst stabil zu halten. Darum ist es auch ohne Golddeckungsverpflichtung einleuchtend, dass eine Zentralbank durch die Ausgabe von Geldscheinen eine Verpflichtung – in ökonomischer

Interpretation eine Verbindlichkeit gegenüber den Nutzern des von ihr in Umlauf gebrachten Geldes – eingeht.

Als zweites Beispiel zur Zentralbankgeldschöpfung sei eine Kreditgewährung der Zentralbank an eine Geschäftsbank in Höhe von 1000 € betrachtet (Refinanzierungskredit, K_{RF}). Realistischerweise gehen wir nun davon aus, dass die Transaktion ohne Verwendung von Bargeld abgewickelt wird, also durch Gutschrift des Kreditbetrages auf das Zentralbankkonto der Geschäftsbank (Zentralbankeinlage, EL(Z)):

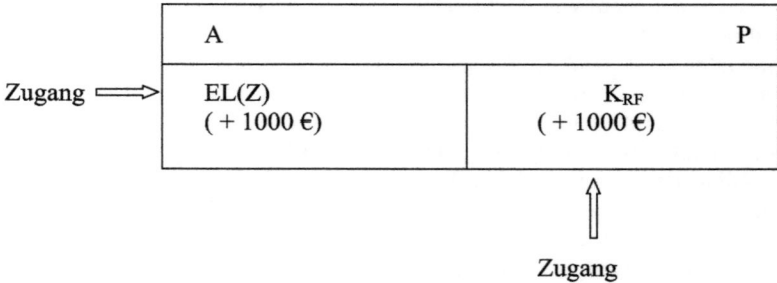

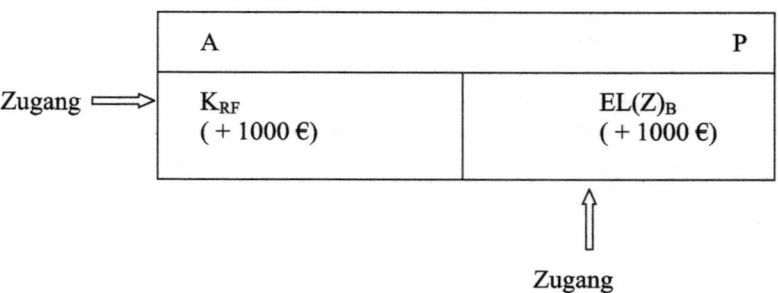

Abb. 3.3: Beispiel zur Zentralbankgeldschöpfung (2)

Hier findet bei beiden Geschäftspartnern eine Bilanzverlängerung statt. Die Geschäftsbank bekommt den Kreditbetrag auf ihr Konto bei der Zentralbank gutgeschrieben (Zentralbankeinlage, EL(Z)), ist dafür aber eine entsprechende Verbindlichkeit eingegangen, da sie den Kredit zurückzahlen muss. Bei der Zentralbank ergibt eine spiegelbildliche Situation. Sie hat durch die Kreditgewährung eine Forderung gegenüber der Geschäftsbank, muss allerdings den Betrag, den sie dem Konto der Geschäftsbank gutgeschrieben hat, als Verbindlichkeit erfassen. Denn schließlich wird die Geschäftsbank in irgendeiner Weise über diesen Betrag verfügen, und dies muss die Zentralbank gewährleisten.

Besonders deutlich wird an diesem zweiten Beispiel die Fähigkeit der Zentralbank, neues Geld „aus dem Nichts" zu schaffen. Auf den Punkt gebracht: Die Gutschrift auf dem Zentralbankkonto der Geschäftsbank ist einzig und allein deshalb als Zentralbankgeld zu betrachten, weil es die Zentralbank ist, die diese Gutschrift ausgeführt hat und dahinter steht.

ii. Allgemeine Kennzeichen der Zentralbankgeldschöpfung

An den beiden erörterten Beispielen lassen sich die allgemeinen Kennzeichen der Zentralbankgeldschöpfung verdeutlichen. Sie bestehen darin, dass die Zentralbank mit Geschäftspartnern außerhalb der Zentralbank eine ökonomische Transaktion durchführt und diese Transaktion mit selbst geschaffenem Geld bezahlt. Die Transaktion besteht im Erwerb von Aktiva, die kein inländisches Zahlungsmittel darstellen, oder in einer Kreditgewährung.

Durch diesen Vorgang kommt zusätzliches Geld, das sich bisher nicht im Umlauf befand, in die Verfügung der Geschäftspartner der Zentralbank. In diesem Moment – wenn es bildlich gesprochen die Zentralbank verlässt – kommt es zum Vorgang der Geldschöpfung. Dieser Vorgang ist also keineswegs an die physische Produktion neuen Geldes (das Drucken neuer Banknoten) gebunden, wie dies bei oberflächlicher Betrachtung erscheinen könnte. Ebenso ist das Gegenstück zur Geldschöpfung, die Geldvernichtung, nicht in einem physischen Sinne zu verstehen. Natürlich werden alte, verschlissene Geldscheine tatsächlich in physischer Bedeutung zerstört, d. h. verglüht. Doch die eigentliche Geldvernichtung hat schon zuvor stattgefunden, nämlich in dem Moment, in dem der Geldschein dem Wirtschaftskreislauf entzogen wurde. Auch wenn eine Geschäftsbank einen Kredit an die Zentralbank zurückzahlt, kommt es zu Geldvernichtung, das Geld dem Wirtschaftskreislauf entzogen wird. Hierbei muss es keinerlei Beteiligung von Bargeld geben.

Die Geldschöpfungsfähigkeit der Zentralbank ist prinzipiell unbegrenzt, denn es gibt keine immanente Grenze, an welche die Zentralbank bei diesem Prozess stoßen würde. Allerdings gibt es eine faktische Grenze. Diese ist durch den Auftrag der Zentralbank zur Wahrung der Geldwertstabilität gegeben und würde dann erreicht, wenn zusätzliche Geldschöpfung in einem Ausmaß geschieht, das den Wert des Geldes ernstlich gefährdet.

Basierend auf den bisherigen Überlegungen lässt sich eine systematische Darlegung der Zentralbankgeldschöpfung erstellen. Die geldpolitisch relevanten Positionen auf der Aktivseite der Zentralbankbilanz umfassen neben Währungsreserven (WR, siehe das vorherige Beispiel 1) und Refinanzierungskrediten (K_{RF}, siehe das vorherige Beispiel 2) noch Kredite an den Staat (K_{ST}), Wertpapiere (WP) sowie sonstige Aktiva (A_{SON}). Auf der Passivseite finden sich neben dem Bargeldumlauf (BG) die Zentralbankeinlagen der Banken, der Nichtbanken sowie des Auslands (zusammengefasst unter EL(Z)). Unter BG ist im Folgenden immer der Bargeldumlauf bei den Banken und den Nichtbanken zu verstehen:

$$BG = BG_B + BG_{NB}$$

Da beide Bilanzseiten sich entsprechen, können wir eine Entstehungsgleichung und eine Verwendungsgleichung der Zentralbankgeldmenge formulieren. Die Entstehungsgleichung leitet sich aus der Addition der Komponenten der Aktivseite her und lässt erkennen, welche Aktivposten durch die Zentralbankgeldschöpfung entstanden sind:

$$ZBG = WR + K_{RF} + K_{ST} + WP + A_{SON}$$

Ebenso lässt sich die Zentralbankgeldmenge an der Passivseite ablesen, indem beide Komponenten addiert werden. Die Verwendungsgleichung der Zentralbankgeldmenge lautet somit:

$$ZBG = BG + EL(Z)$$

beziehungsweise, wenn man die Zentralbankeinlagen nach den verschiedenen Wirtschaftssubjekten (Banken, Nichtbanken, Ausland) differenziert:

$$ZBG = BG + EL(Z)_B + EL(Z)_{NB} + EL(Z)_{AL}$$

Damit gilt aber auch:

$$WR + K_{RF} + K_{ST} + WP + A_{SON} = BG + EL(Z)_B + EL(Z)_{NB} + EL(Z)_{AL}$$

oder in absoluten Zuwächsen ausgedrückt:

$$\Delta WR + \Delta K_{RF} + \Delta K_{ST} + \Delta WP + \Delta A_{SON} =$$
$$= \Delta BG + \Delta EL(Z)_B + \Delta EL(Z)_{NB} + \Delta EL(Z)_{AL}$$

Eine Zentralbankgeldschöpfung ist also verbunden mit einer Bilanzverlängerung bei der Zentralbank oder – anders ausgedrückt – mit einer Erhöhung der Bilanzsumme der Zentralbank. Die obigen Gleichungen umfassen, wie weiter oben betont, nur die unter dem geldpolitischen Aspekt der Zentralbankgeldschöpfung relevanten Positionen der Zentralbankbilanz. Schematisch lässt sich also die Zentralbankgeldschöpfung wie folgt darstellen:

Bilanzänderungen Zentralbank

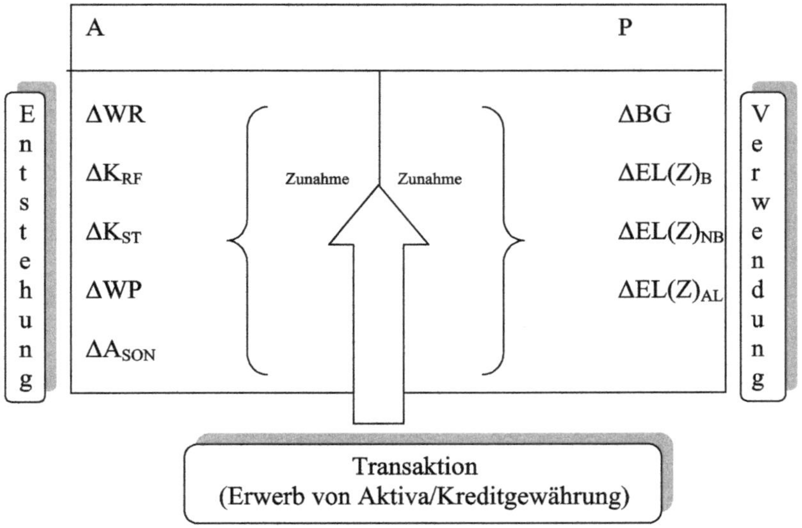

Entstehung	A			P	Verwendung
	ΔWR			ΔBG	
	ΔK_{RF}	Zunahme	Zunahme	$\Delta EL(Z)_B$	
	ΔK_{ST}			$\Delta EL(Z)_{NB}$	
	ΔWP			$\Delta EL(Z)_{AL}$	
	ΔA_{SON}				

Transaktion
(Erwerb von Aktiva/Kreditgewährung)

Abb. 3.4: Schema der Zentralbankgeldschöpfung

Entstehungsseite und Verwendungsseite nehmen gleichschrittig zu, je nachdem, über welche Komponenten sich die Zentralbankgeldschöpfung vollzieht. Im ersten Beispiel etwa (Kauf von Devisen von einer Geschäftsbank, Bezahlung mit Bargeld) würde gelten:

$\Delta WR = \Delta BG$

Im zweiten Beispiel hingegen (Kreditgewährung an Geschäftsbank durch Erhöhung der Zentralbankeinlagen) ergibt sich

$\Delta K_{RF} = \Delta EL(Z)_B$

Das Ausmaß der Zentralbankgeldschöpfung (Δ ZBG) lässt sich immer am Ausmaß der Verlängerung beider Bilanzseiten ablesen. Bezogen auf die Verwendungsgleichung der Zentralbankgeldmenge heißt dies also:

$$\Delta \text{ ZBG} = \Delta \text{ BG} + \Delta \text{ EL(Z)}$$
$$= \Delta \text{ BG} + \Delta \text{ EL(Z)}_B + \Delta \text{ EL(Z)}_{NB} + \Delta \text{ EL(Z)}_{AL}$$

Ein geldpolitisches Detail muss noch erwähnt werden. In den beiden diskutierten Beispielen zur Zentralbankgeldschöpfung hat zwar jeweils ZBG zugenommen. Dieses Wachstums der Zentralbankgeldmenge hat sich aber noch nicht in einem Zuwachs der Geldmenge M – egal in welcher Abgrenzung – niedergeschlagen. Im ersten Beispiel nahm der Bargeldbestand der Banken (BG_B) zu, im zweiten Beispiel waren es die Zentralbankeinlagen der Banken ($EL(Z)_B$). Beide Komponenten sind zwar Bestandteile der Zentralbankgeldmenge, nicht jedoch der Geldmengenabgrenzungen M1, M2 oder M3. Diese Geldmengenaggregate werden erst dann reagieren, wenn die Geschäftsbanken die neu erhaltene Liquidität nutzen, um Geschäfte mit Partnern außerhalb des Bankenbereichs zu tätigen.

b. Geschäftsbanken und Giralgeldschöpfung

i. *Passive und aktive Giralgeldschöpfung*

Am Geldschöpfungsprozess sind auch die Geschäftsbanken beteiligt. Allerdings können Geschäftsbanken kein neues Zentralbankgeld schöpfen, denn diese Fähigkeit kommt, wie wir gesehen haben, ausschließlich der Zentralbank zu. Geschäftsbanken sind hingegen an der Entstehung von Buchgeld bzw. Giralgeld in entscheidender Weise beteiligt. Hierbei gilt es zwei Varianten zu unterscheiden. Bei der **passiven Giralgeldschöpfung** kommt der jeweiligen Geschäftsbank lediglich die Rolle zu, Bargeldeinzahlungen von Nichtbanken entgegenzunehmen.

Als Beispiel sei ein privater Haushalt betrachtet, der 100 € auf sein eigenes Girokonto bei einer Geschäftsbank einzahlt. Es ergeben sich folgende bilanzielle Änderungen (siehe folgende Abbildung).

Beim Haushalt ergibt sich ein Aktivtausch, denn sein Bargeldbestand hat abgenommen, während sein Sichtguthaben auf seinem Girokonto um denselben Betrag zugenommen hat. Bei der Geschäftsbank kommt es durch den Vorgang zu einer Bilanzverlängerung: Hier hat der Kassenbestand an Bargeld zugenommen, dafür haben auf der Passivseite auch die Verbindlichkeiten um denselben Betrag zugenommen, da die Kundeneinlagen auf täglich fälligen Sichtkonten gestiegen sind.

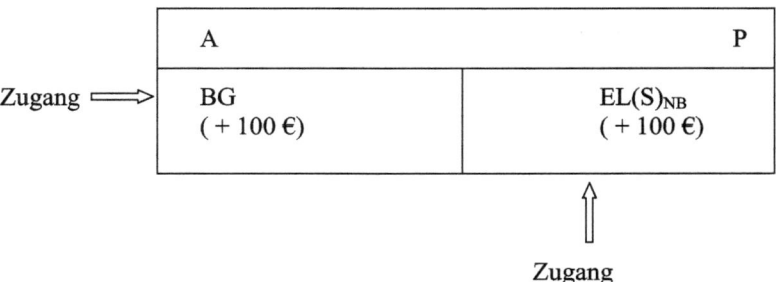

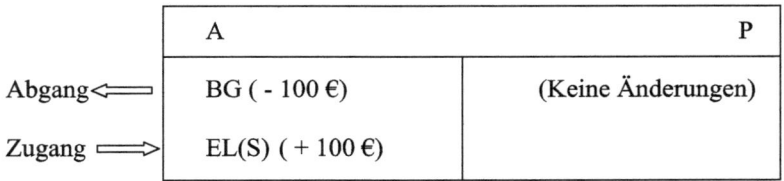

Abb. 3.5: Beispiel zur passiven Giralgeldschöpfung

Die Geldmenge M bleibt bei der passiven Giralgeldschöpfung unberührt, es kommt lediglich zu einer Umschichtung innerhalb des Geldmengenaggregats (in diesem Fall M1):

$$- \Delta BG_{NB} = + \Delta EL(S)_{NB}$$

und deshalb

$$M1 = BG_{NB} + EL(S)_{NB} = \text{konst.}$$

Es kann allerdings Fälle der passiven Giralgeldschöpfung geben, in denen es zu einer Änderung einzelner Geldmengenaggregate kommt. Wenn etwa ein privater Haushalt von seinem Sparbuch einen Betrag abhebt und diesen auf sein Girokonto transferiert, so gilt:

$$- \Delta EL(SP)^{\leq 3\text{Mon}} = + \Delta EL(S)_{NB}$$

Dadurch bleibt M2 zwar unverändert, es kommt nur zu einer Umschichtung zwischen zwei Komponenten von M2. M1 jedoch nimmt zu:

$$M1 = \underbrace{\overbrace{BG_{NB} + EL(S)_{NB}}^{M1\ zuvor} + \Delta\ EL(S)_{NB}}_{M1\ danach}$$

und somit

$$\Delta M1 = \Delta\ EL(S)_{NB}$$

$$\Delta M2 = 0$$

$$\Delta M3 = 0$$

Auch für die Geschäftsbank ergeben sich in diesem Fall andere Konsequenzen, in ihrer Bilanz kommt es zu einem Passivtausch. Es findet lediglich eine Umschichtung zwischen den beiden Einlagearten $EL(S)_{NB}$ und $EL(SP)^{\leq 3Mon}$ statt, die beide auf der Passivseite erfasst sind.

Die passive Giralgeldschöpfung ist prinzipiell unbegrenzt, zumindest solange noch Umschichtungen innerhalb der verschiedenen Geldmengenaggregate möglich sind. Sie ist auch insofern unproblematisch, als sie die Geldmenge insgesamt (im Sinne des jeweils umfassenden Aggregats, innerhalb dessen sich die Umschichtung abspielt) unverändert lässt. Allerdings können sich, wie das letzte Beispiel gezeigt hat, durchaus Auswirkungen auf niedriger angesiedelte Geldmengenaggregate ergeben. Spielt sich die Umschichtung innerhalb M2 ab, bleibt M2 insgesamt unberührt, es können sich jedoch Auswirkungen auf M1 ergeben. Bei einer Umschichtung innerhalb von M3 können sich somit Auswirkungen auf M2 und M1 ergeben.

Damit wird insbesondere deutlich, dass bereits die an sich harmlose passive Giralgeldschöpfung Geldmengenwirkungen zeigen kann. Wie steht es dann um die aktive Giralgeldschöpfung?

Aktive Giralgeldschöpfung liegt vor, wenn die Geschäftsbank im Zuge des Geldschöpfungsprozesses eine aktive Rolle spielt. Dazu ist regelmäßig eine entsprechende Entscheidung der Bank bzw. eine Zustimmung zu einem Kundenwunsch erforderlich. Diese aktive Tätigkeit der Bank besteht – in gewisser Analogie zu den Vorgängen bei der Zentralbankgeldschöpfung – darin, dass eine

Kreditgewährung an eine Nichtbank erfolgt bzw. ein nicht zur inländischen Geldmenge zählendes Aktivum erworben wird und mit einer Gutschrift auf dem Konto des Geschäftspartners bezahlt wird. Die Geschäftsbank führt also eine Transaktion durch und bezahlt diese mit neu geschaffenen Sichteinlagen.

Als Beispiel sei die Kreditgewährung (K) einer Bank an ein Unternehmen in Höhe von 2000 € betrachtet:

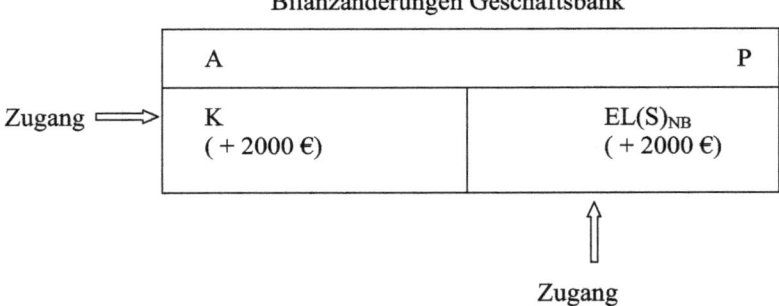

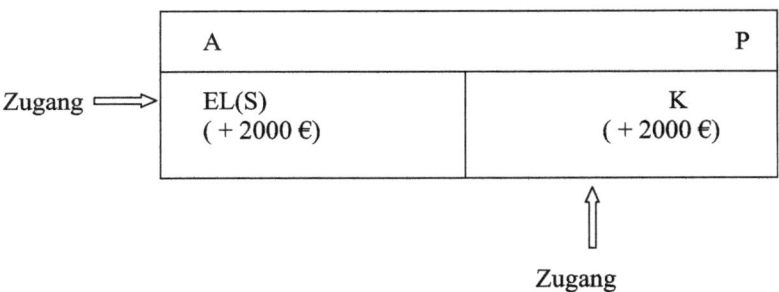

Abb. 3.6: Beispiel zur aktiven Giralgeldschöpfung

Bei beiden Geschäftspartnern kommt es in diesem Fall zu einer Bilanzverlängerung. Die Bank hat eine neue Kreditforderung auf ihrer Aktivseite, der eine neue Sichteinlage auf der Passivseite gegenübersteht. Das Unternehmen hingegen verbucht eine neue Sichteinlage auf der Aktivseite (die Kreditsumme, die seinem Konto gutgeschrieben wurde) und muss beachten, dass auf der Passivseite eine zusätzlich Kreditverbindlichkeit in Höhe der aufgenommenen Kreditsumme entstanden ist.

Zu betonen ist, dass im vollen Umfang der Kreditgewährung auch die Geldmenge M1 zugenommen hat. Das alltägliche Bankengeschäft der Kreditgewährung führt also tatsächlich zu einer entsprechenden Erhöhung der Geldmenge:

$$M1 = \underbrace{\overbrace{BG_{NB} + EL(S)_{NB}}^{M1 \text{ zuvor}} + \Delta\, EL(S)_{NB}}_{M1 \text{ danach}}$$

Diese Wirkung ist zwar analog zum obigen zweiten Beispiel einer passiven Giralgeldschöpfung, bei dem es auch zu einer Erhöhung von M1 kam. Dort allerdings blieb M2 und M3 unverändert, weshalb die Wirkung als geldpolitisch weitgehend unproblematisch zu werten war. Bei der aktiven Giralgeldschöpfung ist dies grundlegend anders. Hier kommt es zu keiner Abnahme irgendeiner anderen Komponente innerhalb von M2 oder M3. Deshalb schlägt die Zunahme von M1 in vollem Umfang auf M2 und M3 durch:

$$\Delta M1 = \Delta\, EL(S)_{NB}$$

$$\Delta M2 = \Delta M1$$

$$\Delta M3 = \Delta M1$$

Auch bei der Giralgeldschöpfung kann man eine Gleichung für die Aktivseite und für die Passivseite aufstellen. Die Aktivseite setzt sich zusammen aus dem Kassenbestand (BG_B), den Zentralbankeinlagen ($EL(Z)_B$), den Devisenbeständen (D), den Kreditforderungen (K) und sonstigen Aktiva abzüglich sonstigen Passiva (A_{SON}). Auf der Passivseite findet man die Sichteinlagen der Nichtbanken ($EL(S)_{NB}$), die Termineinlagen $EL(T)$ und die Spareinlagen ($EL(SP)$). Es gilt also:

$$BG_B + EL(Z)_B + D + K + A_{SON} = EL(S)_{NB} + EL(T) + EL(SP)$$

beziehungsweise

$$EL(S)_{NB} = BG_B + EL(Z)_B + D + K + A_{SON} - EL(T) - EL(SP)$$

Da es bei aktiver Giralgeldschöpfung nicht zu Umschichtungen innerhalb der Geldmengenaggregate kommt, bleiben EL(T) und EL(SP) konstant. Bargeldumlauf und Zentralbankeinlagen ändern sich ebenfalls nicht, so dass gilt:

$$\Delta\,EL(S)_{NB} = \underbrace{\Delta K}_{kreditär} + \underbrace{\Delta D + \Delta A_{SON}}_{nicht\ kreditär}$$

Aktive Giralgeldschöpfung ist also stets mit einer Bilanzverlängerung bei der Geschäftsbank verbunden und kann auf kreditärem Weg (durch Kreditvergabe an Nichtbanken) oder nicht-kreditärem Weg (durch Erwerb von Aktiva der Nichtbanken) erfolgen. Schematisch lässt sich damit die aktive Giralgeldschöpfung wie folgt darstellen:

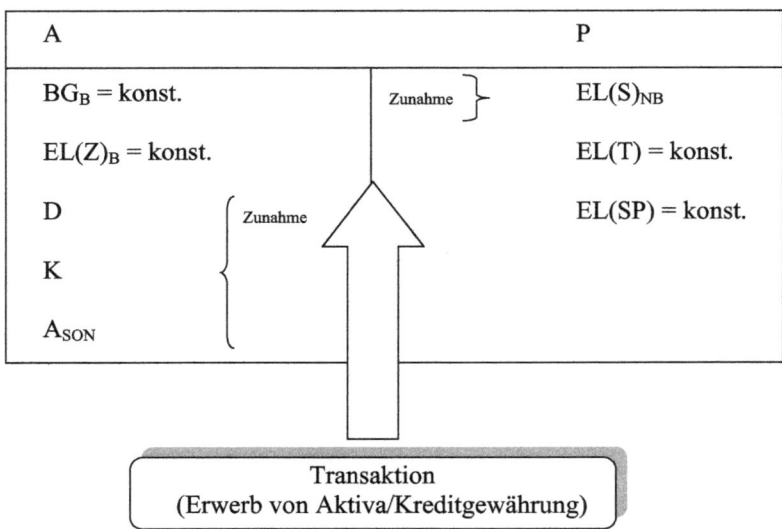

Abb. 3.7: Schema der aktiven Giralgeldschöpfung

Wo liegen die Grenzen der aktiven Giralgeldschöpfung? Eine Geschäftsbank, die einen Kredit gewährt, muss sicher stellen, dass sie für die in Höhe der Kreditsumme gutgeschriebenen Sichteinlagen auch über Zentralbankgeld verfügt. Der Kreditnehmer könnte beispielsweise Barabhebungen tätigen. Auch wenn nicht in bar über den Kredit verfügt wird, so wird der Kreditnehmer doch irgendwelche Ausgaben tätigen, denn ansonsten wäre eine Kreditnahme erst gar nicht erfolgt. In dem Moment, in dem der Kontoinhaber eine Überweisung tätigt, weil er etwa eine offene Rechnung begleichen will, muss das Konto der Geschäftsbank entsprechende Zentralbankeinlagen aufweisen.

Aus diesem Grund ist offensichtlich, dass der Bestand an Zentralbankgeld und die kurzfristige Verfügbarkeit darüber für eine einzelne Geschäftsbank eine Grenze der Kreditvergabefähigkeit darstellt. Quellen der Zentralbankgeldbeschaffung für eine Geschäftsbank sind

- Eigene Bestände und Kundeneinlagen
- Kreditaufnahme am Geldmarkt
- Liquiditätsbeschaffung bzw. Kreditaufnahme bei der Zentralbank

Bei den Kundeneinlagen ist zu beachten, dass bei Gültigkeit einer Mindestreservepflicht (die aktuell bei ca. 2 % liegt) ein bestimmter Teil der Kundeneinlagen auf dem Konto der Geschäftsbank bei der Zentralbank als **Mindestreserve** (MR) gehalten werden muss. Nur der über die Mindestreserve hinausgehende Teil stellt eine sogenannte **Überschussreserve** (ÜR) dar und darf für Zwecke der Gewinnerwirtschaftung, etwa auf dem Wege der Kreditvergabe, genutzt werden. Bezogen auf die Kundeneinlagen gilt also:

$$ÜR = EL(S)_{NB} + EL(T) \quad EL(SP) - MR[EL(S)_{NB} + EL(T) + EL(SP)]$$

Zur gesamten Überschussreserve zählen, wie erwähnt, gegebenenfalls noch die eigenen Bestände der Geschäftsbank an Zentralbankgeld. Sind alle diese Möglichkeiten ausgeschöpft, hat eine einzelne Geschäftsbank die Grenze ihrer Liquiditätsausstattung und damit prinzipiell auch ihrer Giralgeldschöpfungsfähigkeit erreicht. Man sollte nun meinen, dass dies auch für das Geschäftsbankensystem als Ganzes gilt. Betrachten wir also mehrere Banken zusammen und berücksichtigen die Überweisungen, die zwischen diesen einzelnen Banken stattfinden, wird deutlich, dass der Kreditvergabespielraum wesentlich größer ist als es der Summe des verfügbaren Zentralbankgeldes entspricht. Dahinter steckt der Prozess der **multiplen Giralgeldschöpfung**.

ii. Mutiple Giralgeldschöpfung

Die multiple Giralgeldschöpfung basiert auf der simplen Tatsache, dass im modernen Bankensystem bargeldloser Zahlungsverkehr stattfindet. Dadurch kommt es auf der Basis einer erstmaligen Verfügbarkeit zu einer permanenten Verlagerung von Überschussreserven von einer Bank zur nächsten. Nach Abzug der jeweils gültigen Mindestreserve erhält die entsprechende Bank dann wieder eine (wenn auch geringere) Überschussreserve, die sie zur neuerlichen Kreditvergabe nutzen kann. Wir betrachten hierzu ein einfaches Beispiel. Am Anfang dieses Beispiels steht ein Kunde 1, der einen Betrag von 10000 € bar auf sein Girokonto einzahlt, das er bei der A-Bank unterhält. Die Mindestreservepflicht soll einheitlich 1% betragen. Es wird davon ausgegangen, dass alle beteiligten Banken (A-Bank, B-Bank, C-Bank usw.) ihre Überschussreserven zur Kreditvergabe nutzen. Alle Kreditnehmer überweisen die Kreditsumme an den Kunden einer anderen Bank, um eine ausstehende Schuld zu begleichen. Der ganze Vorgang lässt sich wie folgt darstellen:

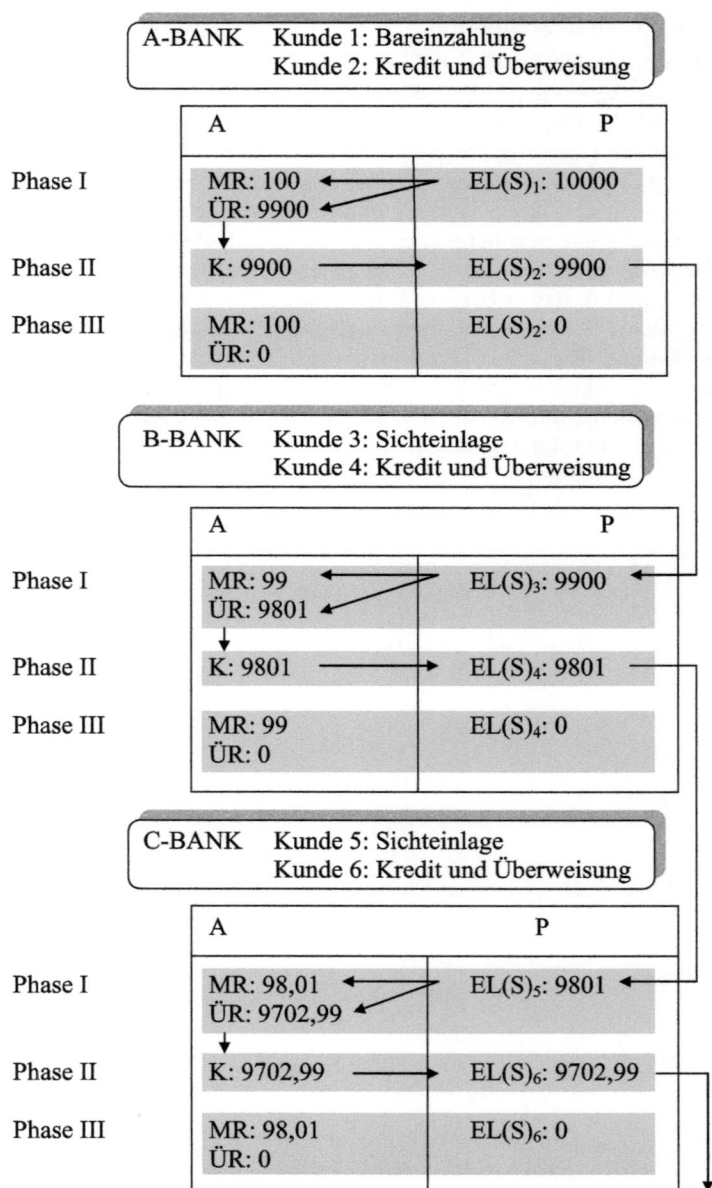

Abb. 3.8: Beispiel zur multiplen Giralgeldschöpfung

Auf jeder Stufe des multiplen Giralgeldschöpfungsprozesses, also bei A-Bank, B-Bank usw. sind drei Phasen zu unterscheiden. Phase I ist gekennzeichnet durch den Zugang an neuem Zentralbankgeld, entweder als Bareinzahlung wie bei Kunde 1 oder durch Überweisung. Dieses neue Zentralbankgeld wird gemäß Vorschrift aufgeteilt in einen Teil Mindestreserve, die bei der Zentralbank gehalten wird, und einen Teil Überschussreserve, die zur Kreditvergabe genutzt wird. In Phase II geschieht die Kreditvergabe an einen neuen Kunden, der gleichzeitig eine Sichteinlage in Höhe der Kreditsumme auf seinem Girokonto gutgeschrieben bekommt. Bei der Bank entstehen dadurch eine Kreditforderung und eine Sichtverbindlichkeit gegenüber dem Kunden in Höhe der Sichteinlage. Schließlich kommt es in Phase III zur Überweisung vom Kreditnehmer an den Kunden einer anderen Bank. Es verbleibt lediglich die vorgeschriebene Mindestreserve auf der Aktivseite, die Überschussreserven sind auf Null gesunken, und die Sichteinlage des Kreditnehmers ist ebenfalls Null. Bei der nächsten Bank beginnt der Prozess mit Eingang der Überweisung von Neuem.

Allerdings nimmt die Höhe der Überschussreserve und damit der Kreditgewährung auf jeder Stufe des Prozesses aufgrund der Pflicht zur Haltung von Mindestreserven ab. Das bedeutet, dass der Prozess dann an sein Ende gelangt, wenn die gesamte ursprüngliche Überschussreserve (im Beispiel 9900 €) in Mindestreserve gebunden ist. Die gesamte Kreditvergabesumme setzt sich zusammen aus der Kreditsumme der A-Bank, der B-Bank usw.:

$$\Delta K = \Delta K_A + \Delta K_B + \Delta K_C + ...$$
$$= \Delta ÜR_A + \Delta ÜR_B + \Delta ÜR_C + ...$$

bzw. nach den Regeln für unendliche geometrische Reihen

$$\Delta K = \frac{1}{r} \Delta ÜR$$

In der Gleichung steht r für den Mindestreservesatz. Im obigen Beispiel wäre also ΔK = 990000 € (mit r = 0,1 und $\Delta ÜR$ = 9900), obwohl die ursprüngliche Zunahme der Überschussreserve nur 9900 € betrug. Damit ist auch die Zunahme der Geldmenge beschrieben, die sich aus dem multiplen Giralgeldschöpfungsprozess ergibt, denn es gilt

$$\Delta K = \Delta M$$

Dass dies tatsächlich so ist, die Kreditvergabe der Banken also wirklich mit dem Entstehen neuer, zusätzlicher Geldmenge verbunden ist, verdeutlicht man sich dadurch, indem man die nach den Überweisungen der Kreditnehmer verbleibenden Sichteinlagen der Nichtbanken in obigem Beispiel zusammenzählt:

$$\Sigma \, EL(S)_{NB} = EL(S)_1 + EL(S)_3 + EL(S)_5 + \ldots$$

Bis auf $EL(S)_1$, die ja durch passive Giralgeldschöpfung (Bareinzahlung) zustande kam, entspricht dies aber exakt der Summe der von allen Banken vergebenen Kredite.

Der dargestellte Prozess lässt sich in zweifacher Hinsicht variieren. Erstens könnte sich der Prozess auch innerhalb eines Bankensystems abspielen, in dem es nur eine einzige Bank gibt, die wir als Monopolbank bezeichnen können. Dies würde bedeuten, dass sich alle Überweisungsvorgänge innerhalb ein und derselben Bank abspielen, die Überschussreserven also bildlich gesprochen innerhalb der Bank verlagert werden:

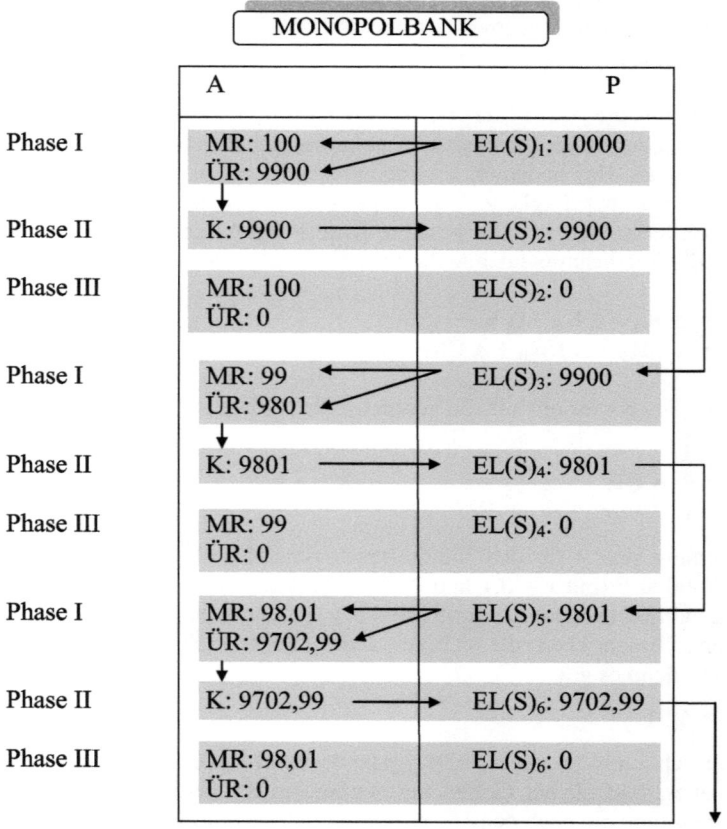

Abb. 3.9: Giralgeldschöpfung bei Monopolbank

Auch hier bricht der Prozess ab, wenn die ursprüngliche Überschussreserve komplett in Mindestreserve gebunden ist. Der maximale Kreditvergabespielraum bestimmt sich wie zuvor.

Die zweite Variation ergibt sich, wenn man die Möglichkeit eines Bargeldabflusses berücksichtigt. Dies wäre etwa dann der Fall, wenn sämtliche Kreditnehmer über ihre Kreditsumme teilweise in bar verfügen. Bei einer Barabflussquote von 20 % (c = 0,2) würde sich folgender Ablauf ergeben (siehe nächste Abbildung). Man erkennt unschwer, dass die Barabhebungen der jeweiligen Kreditnehmer zu Abflüssen aus dem Bankensystem führen und die im Zuge des Überweisungsverkehrs entstehenden Überschussreserven bei den Banken wesentlich geringer ausfallen. Der Kredit- und Giralgeldschöpfungsspielraum geht dementsprechend zurück.

Auch für diesen Fall lässt sich der maximale Kreditvergabespielraum errechnen. In der obigen Formel muss dazu die Barabflussquote c berücksichtigt werden. Die modifizierte Gleichung lautet

$$\Delta K = \frac{1}{c + r(1-c)} \Delta \text{ÜR}$$

Im Beispiel ergibt sich somit rechnerisch ein gerundeter Wert von $\Delta K = 47596$ (mit r = 0,01, c = 0,2 und $\Delta \text{ÜR} = 9900$). Dies ist deutlich niedriger als der Kreditschöpfungsspielraum ohne Barabflussquote.

Schließlich kann auch noch der Fall eintreten, dass zwar ein System mit mehreren Banken vorliegt, einzelne Banken aber mehrfach involviert sind. Dies wäre dann gegeben, wenn Überweisungen von Kreditnehmern bei Banken eingehen, die auf einer früheren Stufe des Prozesses bereits einen Kredit vergeben haben. Dies tangiert den Prozess jedoch nicht, weder was die Höhe des Kreditvergabespielraums noch was die Dauer des gesamten Giralgeldschöpfungsprozesses anbelangt.

Insgesamt lassen sich also vier Varianten des Prozesses der multiplen Giralgeldschöpfung unterscheiden, und zwar in einem

- System mit mehreren Banken (ohne Barabflüsse)
- System mit Monopolbank (ohne Barabflüsse)
- System mit mehreren Banken (mit Barabflüssen)
- System mit Monopolbank (mit Barabflüssen)

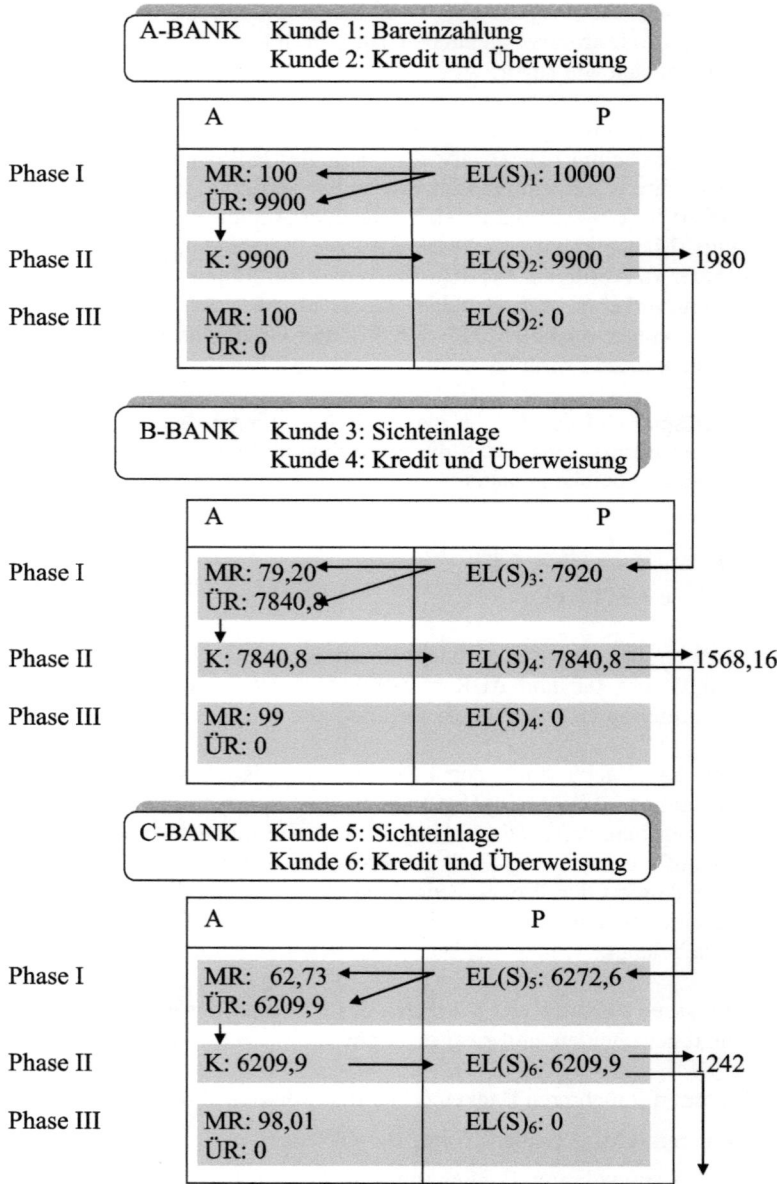

Abb. 3.10: Giralgeldschöpfung bei Bargeldabfluss

iii. Das Geldbasiskonzept

Der beschriebene Prozess der multiplen Giralgeldschöpfung beruhte auf der Annahme, dass die Geschäftsbanken ihre Überschussreserve ausschließlich dazu verwenden, neue Kredite zu vergeben. Dies ist zwar möglich, jedoch keineswegs zwingend. Es ist durchaus möglich, dass nur ein Teil der Überschussreserve in Form von Krediten vergeben wird, der Rest als freiwillige Reservehaltung auf dem Konto der Geschäftsbank bei der Zentralbank verbleibt. Ebenso spielt das Verhalten der Nichtbanken eine Rolle, wie etwa der Grad der Bargeldverwendung in Relation zur Höhe der Sichteinlagen. Diese und weitere Einflussfaktoren berücksichtigt das **Geldbasiskonzept**. Im Rahmen dieses Konzeptes wird versucht, eine verhaltenstheoretische Erklärung für das Zustandekommen der realisierten Höhe der Geldmenge – im Gegensatz zur maximal möglichen Geldmenge – zu geben.

Die Geldbasis oder Zentralbankgeldmenge ist in enger Abgrenzung definiert als

$$ZBG = BG + EL(Z)_B$$

beziehungsweise

$$ZBG = BG_{NB} + BG_B + EL(Z)_B$$

An der letzten Schreibweise erkennt man besonders deutlich, dass die Geldbasis sich aus dem Zentralbankgeld der Geschäftsbanken ($BG_B + EL(Z)_B$)) und dem Bargeld der Nichtbanken zusammensetzt.

Wir verwenden hier die engere Abgrenzung, da es um die Geldschöpfungstätigkeit der Banken geht und daher Zentralbankeinlagen von Banken vernachlässigt werden können.

Das Geldbasiskonzept geht von einer Relation zwischen der Geldmenge M und der so definierten Geldbasis aus:

$$M = m \cdot ZBG \quad \text{bzw.} \quad m = \frac{M}{ZBG}$$

Der Ausdruck m steht dabei für den sogenannten **Geldangebotsmultiplikator**.

Durch Einsetzen der Definitionen für M1 und ZBG erhält man

$$m = \frac{BG_{NB} + EL(S)_{NB}}{BG_{NB} + BG_B + EL(Z)_B} = \frac{BG_{NB} + EL(S)_{NB}}{BG_{NB} + ZBG_B}$$

mit $ZBG_B = BG_B + EL(Z)_B$.

Um die Mindestreservepflicht der Geschäftsbanken zu berücksichtigen, wird ZBG_B noch um diejenigen Komponenten erweitert, auf die eine Mindestreserve fällig wird (Sichteinlagen, Termineinlagen, Spareinlagen):

$$m = \frac{BG_{NB} + EL(S)_{NB}}{BG_{NB} + \dfrac{ZBG_B}{EL(S)_{NB} + EL(T) + EL(SP)} [EL(S)_{NB} + EL(T) + (EL(SP)]}$$

Division von Zähler und Nenner durch $EL(S)_{NB}$ ergibt

$$m = \frac{\dfrac{BG_{NB}}{EL(S)_{NB}} + 1}{\dfrac{BG_{NB}}{EL(S)_{NB}} + \dfrac{ZBG_B}{EL(S)_{NB} + EL(T) + EL(SP)} [1 + \dfrac{EL(T)}{EL(S)_{NB}} + \dfrac{EL(SP)}{EL(S)_{NB}}]}$$

Aus der rein arithmetischen Umformung des Ausdrucks für den Geldangebotsmultiplikator wird ein verhaltenstheoretischer Erklärungsansatz, wenn man die darin auftauchenden Quotienten als Verhaltenskoeffizienten interpretiert. In ihnen kommen die Entscheidungen der Nichtbanken, der Banken und der Zentralbank zum Ausdruck. Diese Entscheidungen betreffen die sogenannten Bargeld-Depositenkoeffizienten, die Reservehaltung der Banken und die geldpolitischen Vorgaben der Zentralbank.

1. Der **Bargeldkoeffizient** und die **Depositenkoeffizienten** der Nichtbanken, also die Relationen zwischen Bargeldhaltung, Termineinlagen und Spareinlagen auf der einen Seite und ihren Sichteinlagen auf der anderen Seite, lauten

$$b = \frac{BG_{NB}}{EL(S)_{NB}}$$

$$t = \frac{EL(T)}{EL(S)_{NB}}$$

$$s = \frac{EL(SP)}{EL(S)_{NB}}$$

Dabei ist b der Bargeldkoeffizient, t der Termineinlagenkoeffizient und s der Spareinlagenkoeffizient. Alle drei Koeffizienten geben das von den Nichtbanken gewünschte Verhältnis zwischen der jeweiligen Komponente und ihren Sichteinlagen an.

2. Die Entscheidungen der Geschäftsbanken über ihre faktische **Reservehaltung** (die über die Mindestreserve hinausgehen kann):

$$r_B = \frac{ZBG_B}{EL(S)_{NB} + EL(T) + EL(SP)} \geq r$$

In diesem Koeffizient kommt die Abwägung der Geschäftsbanken zwischen höchster Liquidität und Sicherheit von Zentralbankgeld auf der einen Seite und höherer Rentabilität der Kreditvergabe zum Ausdruck. Der Liquiditäts- und Sicherheitsaspekt spricht eher für eine höhere Reservehaltung; die höhere erzielbare Rendite aus der Kreditvergabe lässt die Reservehaltung tendenziell gegen den Mindestreservesatz gehen.

3. Die Entscheidungen der Notenbank über die **Mindestreserve** r, welche die Untergrenze von r_B darstellt. Zusammen mit der Festlegung der **Zentralbankgeldmenge** durch die Zentralbank und Einsetzen der Verhaltenskoeffizienten in die obige Gleichung für den Geldangebotsmultiplikator ergibt sich somit

$$M = \frac{1 + b}{b + r_b (1 + t + s)} \cdot ZBG$$

Diese Gleichung bringt die Abhängigkeit der Geldmenge M vom Verhalten und den geldpolitischen Entscheidungen der beteiligten Wirtschaftssubjekte zum Ausdruck:

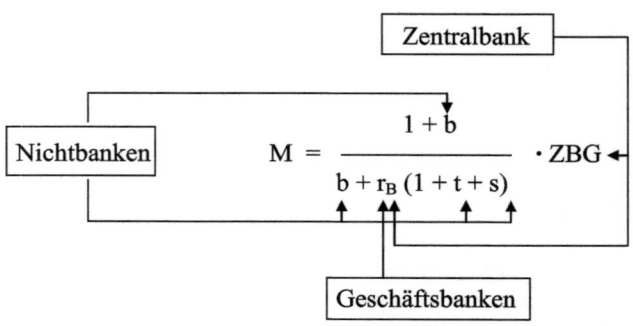

Abb. 3.11: Der Geldangebotsmultiplikator

Insgesamt verdeutlichen die diskutierten Ansätze, dass die Bestimmung der Geldmenge einen äußerst komplexen und schwer steuerbaren Prozess darstellt. Gleichwohl sollte der Einfluss der Zentralbank auf diesen Prozess nicht unterschätzt werden. Insbesondere von monetaristischer Seite wird betont, dass der Geldbasis bzw. Zentralbankgeldmenge (ZBG) eine entscheidende Rolle für die Bestimmung der Geldmenge zukommt. In obiger Gleichung käme also ZBG die dominierende Rolle zu. Andere Studien wiederum betonen die Bedeutung des Geldangebotsmultiplikators m und weisen dem darin sich niederschlagenden Verhalten der Wirtschaftssubjekte die bestimmende Rolle zu. Für weitere Erklärungsansätze der Geldangebotstheorie sei auf die vertiefenden Literaturhinweise verwiesen.

c. Die Kontrolle des Geldangebots durch die Geldpolitik

Angesichts der besprochenen Zusammenhänge stellt sich die Frage nach den Einflussmöglichkeiten der Zentralbank auf das Geldangebot. Zunächst ist offensichtlich, dass ein wichtiger Hebel in der Steuerung der Geldbasis liegt. Sofern man von einer Stabilität des Geldangebotsmultiplikators und begrenzten Rückgriffsmöglichkeiten der Geschäftsbanken auf Zentralbankgeld ausgehen kann, dürfte die Kontrolle über die Zentralbankgeldmenge ein verlässlicher Hebel für die Steuerung der Geldmenge sein. Allerdings sind beide Voraussetzungen nur in eingeschränktem Maße gegeben. Der Geldangebotsmultiplikator hängt, wie dargestellt, insbesondere von den monetären Entscheidungen der Nichtbanken wie der Geschäftsbanken ab. Diese dürften allerdings Schwankungen unterworfen sein und von diversen ökonomischen Faktoren abhängen.

So zeigte sich in verschienen empirischen Untersuchungen, dass für den Bargeldkoeffizienten Einkommen und Vermögen der Nichtbanken sowie verschiedene Zinssätze eine Rolle spielen. Ähnliches gilt auch für die Depositenkoeffizienten. Hier kann die Zentralbank bestenfalls auf indirektem Wege über die Beeinflussung der relevanten Zinssätze Einfluss nehmen.

Für die Reservehaltung der Banken wiederum spielen, wie bereits erwähnt, Risiko- und Ertragsabwägungen eine entscheidende Rolle. Hier kommt neben dem Mindestreservesatz, der die Untergrenze für die Reservehaltung der Banken darstellt, vor allem der Zinsentwicklung sowie den Refinanzierungskosten (Leitzinsen und Geldmarktzinsen) eine Schlüsselbedeutung zu.

Diese Überlegungen lassen sich dahin gehend zusammenfassen, dass der Zentralbank zwei prinzipielle Kanäle zur Verfügung stehen, die sie zur Steuerung des Geldangebots nutzen kann. Der erste Kanal basiert auf der Steuerung der Geldbasis, der zweite setzt an den Refinanzierungsmöglichkeiten und den Refinanzierungskosten der Geschäftsbanken an.

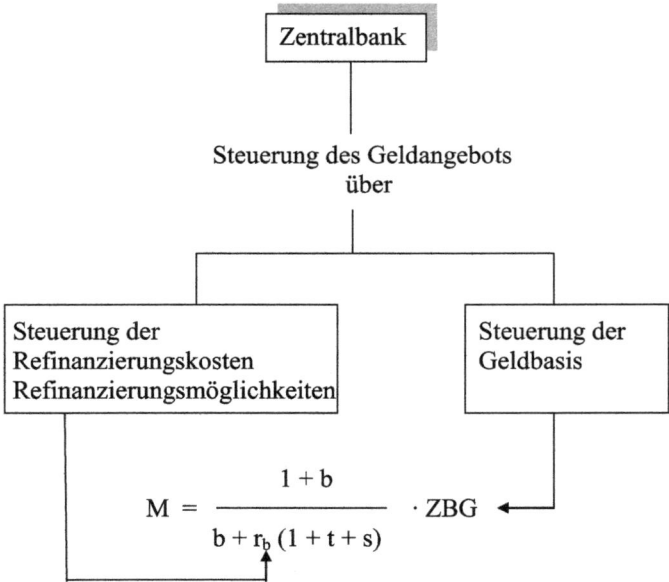

Abb. 3.12: Ansatzpunkte der Geldmengensteuerung

Die Schwierigkeiten einer Geldmengensteuerung spiegeln sich wider in der langfristigen Entwicklung des Geldmengenaggregats M3 in der folgenden Abbildung, die dem Jahresbericht der EZB von 2008 entnommen ist.

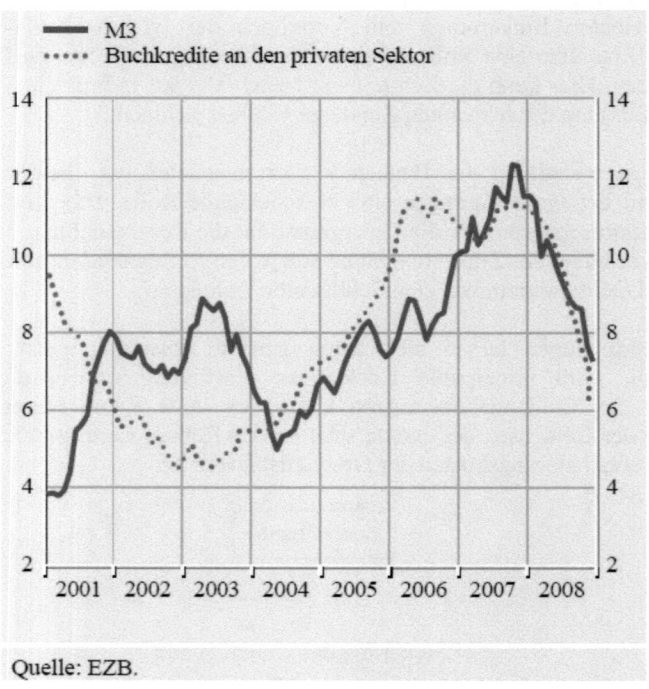

Abb. 3.13: *Wachstum der Geldmenge M3*

Das Wachstum der Geldmenge M3 lag nahezu im gesamten dargestellten Zeitraum über dem von der Europäischen Zentralbank im Rahmen ihrer geldpolitischen Strategie vorgegebenen Referenzwert von 4,5 %. Der das ganze Jahr 2008 über zu beobachtende Rückgang bei der Geldmenge M3 setzte sich im Übrigen bis in die jüngste Zeit fort. Im jüngsten Monatsbericht vom Juli 2009 gibt die EZB die M3-Wachstumsrate mit 3,7 % an. Als Gründe werden insbesondere die drastische konjunkturelle Eintrübung im Zuge der Finanz- und Wirtschaftskrise und die damit zusammenhängende Verunsicherung über die weitere wirtschaftliche Entwicklung genannt. Diese und weitere Faktoren – wie etwa die Verlangsamung des Preisanstiegs bei Immobilien – wirken sich dämpfend auf die Kreditvergabe der Geschäftsbanken und somit auf das Geldmengenwachstum aus.

4. Die Geldnachfrage

a. Die Rolle der Geldnachfrage für die Geldpolitik

Wie bei der Diskussion des Geldbasiskonzeptes deutlich wurde, spielt die Geldnachfrageseite eine nicht unerhebliche Rolle bei der Bestimmung der umlaufenden Geldmenge. Von daher ist nicht verwunderlich, dass sowohl die Geldtheorie als auch die praktische Geldpolitik von jeher ein ausgeprägtes Interesse an den Motiven und Bestimmungsgründen der Kassenhaltung der Nichtbanken gezeigt haben.

Die Geldnachfrage ist aber noch aus einem weiteren Grund von Interesse. Die Kassenhaltung der privaten Wirtschaftssubjekte stellt ein wesentliches Verbindungsglied zwischen der monetären und der realen Sphäre der Volkswirtschaft dar. Insofern lassen sich aus den Untersuchungen über die Motive der Geldnachfrage im weiteren Verlauf auch Hinweise darauf entnehmen, wie sich geldpolitische Handlungen der Zentralbank – so genannte geldpolitische Impulse – auf die realen Größen der Wirtschaft auswirken. Diese Zusammenhänge finden ihren Niederschlag in den Transmissionsmechanismen der Geldpolitik, auf die im Kapitel 5 eingegangen wird.

Traditionell unterscheidet die Geldtheorie zwischen der Transaktions-, der Vorsichts- und der Spekulationskassenhaltung. Alle drei Formen der Kassenhaltung addieren sich zur gesamten Kassenhaltung L:

$$L = L_T(Y) + L_V(Y) + L_S(z)$$

Kassenhaltung bzw. Geldnachfrage wird dabei verstanden als Wunsch nach Liquidität, also als eine Entscheidung der Wirtschaftssubjekte, über einen bestimmten Geldbetrag in liquider Form zu verfügen. Der Begriff „Liquidität" kann dabei sowohl als Verfügbarkeit über Bargeld wie auch über Sichtguthaben aufgefasst werden. Hinter der jeweiligen Komponente der gesamten Kassenhaltung stehen spezifische Motive. Diese sind:

1) Das **Transaktionsmotiv**: Kassenhaltung wird hierbei aus dem Wunsch heraus getätigt, Liquidität für die Abwicklung des regelmäßigen Transaktionsbedarfs verfügbar zu haben. Die Transaktionskasse wird in der einfachsten Version als einkommensabhängig betrachtet: $L_T(Y)$

2) Das **Vorsichtsmotiv**: Wegen der Tatsache, dass der Transaktionsbedarf nicht immer exakt vorhersehbar ist. Die Vorsichtskassenhaltung dürfte ebenfalls von der Höhe des Einkommens abhängig sein: $L_V(Y)$

3) Das **Spekulationsmotiv**: Es kann sinnvoll sein, einen Geldbetrag, der nicht für Transaktionszwecke benötigt wird, in liquider Form zu halten, ihn also in der Kassenhaltung zu belassen. Dies wird immer dann der Fall sein, wenn für die nähere Zukunft günstigere Anlagemöglichkeiten erwartet werden. Für die Spekulationskasse spielt der Zins die bestimmende Rolle: $L_S(z)$

Die Vorsichtskasse wird für gewöhnlich unter die Transaktionskassenhaltung subsumiert. Man mag sie sich etwa als einen gewissen prozentualen Aufschlag auf die eigentliche Transaktionskasse vorstellen. Die gesamte Geldnachfrage vereinfacht sich damit zu

$$L = L_T(Y) + L_S(Z)$$

b. Das Transaktionsmotiv der Geldnachfrage

Menschen tätigen täglich Transaktionen. Sie bezahlen ihre Miete, kaufen Kleidung und Nahrungsmittel, besuchen Kinos und Konzerte und vieles mehr. Manche dieser Transaktionen kehren regelmäßig wieder und sind für den Einzelnen in ihrer Höhe und Periodizität exakt vorhersehbar, andere wiederum haben unregelmäßigen oder auch einmaligen Charakter und lassen sich nicht genau prognostizieren. Auf jeden Fall kann man davon ausgehen, dass die Wirtschaftssubjekte durch Erfahrung und Planung eine gewisse Vorstellung darüber entwickeln, wie hoch ihr monetäres Transaktionsvolumen in einem bestimmten Zeitraum sein wird. Daraus ergibt sich ihre gewünschte Kassenhaltung zu Transaktionszwecken.

i. *Grundgedanken*

Das Einkommen Y als bestimmende Größe für die Höhe der Transaktionskassenhaltung drängt sich aus elementaren ökonomischen Überlegungen auf. Mit steigendem Einkommen wird bei den Wirtschaftssubjekten der Wunsch nach zusätzlichen Güterkäufen entstehen, die bisher wegen der Restriktion durch das Einkommen nicht realisierbar waren. Mit der Zunahme des Einkommens wird diese Schranke weiter nach außen verschoben, sodass zusätzliche Güterkäufe möglich und in aller Regel auch gewünscht sind. Dazu bedarf es jedoch zusätzlicher Liquidität, die sich in einem Anstieg der Transaktionskasse niederschlägt.

$$L_T = L_T(Y) \qquad \text{mit } L_T'(Y) > 0$$

Das Transaktionsmotiv wird auch als **klassisches Motiv** der Geldnachfrage bezeichnet, da es stets von den Vertretern der klassisch orientierten Volkswirtschaftslehre als einzig sinnvolles Motiv der Geldhaltung anerkannt und in den Mittelpunkt ihrer geldtheoretischen Überlegungen gestellt wurde.

Der Kernpunkt dieser Überlegungen wird deutlich, wenn man die Entwicklung der Kassenhaltung bei den Haushalten und den Unternehmen in einem einfachen Zwei-Sektoren-Modell betrachtet. Dazu gehen wir von einem einfachen Zahlenbeispiel aus: Das gesamte Einkommen Y_n einer Zeitperiode, das von den Unternehmen an die Haushalte ausgezahlt wird, soll 3 Mio. € betragen. Dieses Einkommen wird von den Haushalten im Laufe eines Monats (den wir der Übersichtlichkeit halber auf 30 Tage normieren) in jeweils gleichen Beträgen für Güterkäufe von den Unternehmen verwendet. Die umlaufende Geldmenge beträgt ebenfalls 3 Mio. €. Damit entwickelt sich der tägliche Kassenbestand bei Unternehmen und Haushalten wie in der folgenden Abbildung dargestellt:

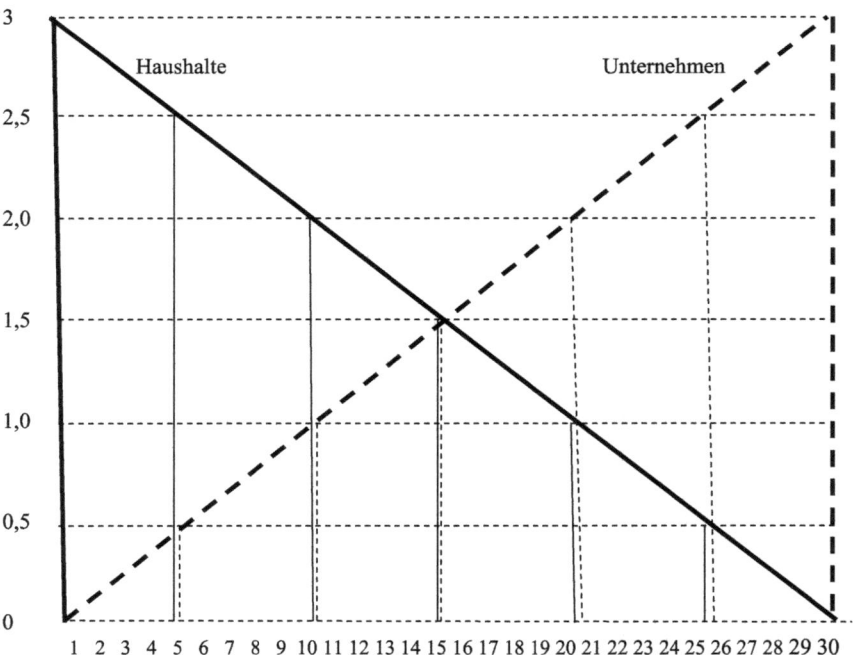

Abb. 4.1: Entwicklung der Transaktionskasse

Zu Beginn des Monats steigt der Kassenbestand der Haushalte (durchgezogene Linie) aufgrund der Einkommenszahlungen durch die Unternehmen von Null auf 3 Mio. €. Der Kassenbestand der Unternehmen (gestrichelte Linie) ist dementsprechend bei Null, da die gesamte umlaufende Geldmenge von 3 Mio. € für Einkommenszahlungen verwendet wurde und sich nun vollständig in der Kasse der Haushalte befindet.

Im Laufe des Monats sinkt nun der Kassenbestand der Haushalte in gleich bleibenden Schritten und ist am Ende des Monats wieder bei Null angelangt, während der Kassenbestand der Unternehmen korrespondierend ansteigt und am Ende des Monats wieder die ursprüngliche Höhe von 3 Mio. € erreicht hat. Vorausgesetzt wird hierbei, dass das gesamte Einkommen für den Konsum verwendet wird, dass also insbesondere keine Ersparnisse und keine Investitionen getätigt werden. Dies entspricht dem einfachsten denkbaren Kreislaufmodell für die stationäre Wirtschaft mit zwei Sektoren.

Dieses einfache Muster wiederholt sich nun Monat für Monat, so lange sich an den zugrunde liegenden Größen nichts ändert. Man erhält das charakteristische, zackenförmige Schema der Transaktionskassenhaltung (vereinfacht dargestellt):

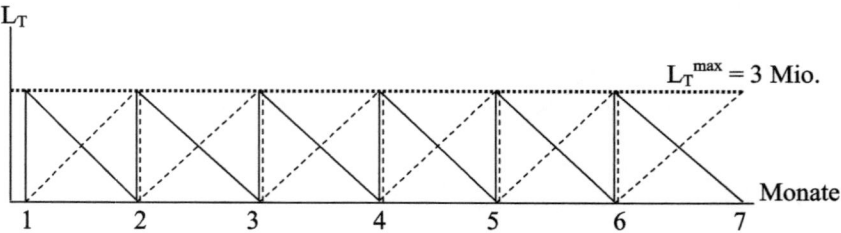

Abb. 4.2.: Transaktionskasse in langfristiger Betrachtung

Hierbei verdeutlichen die durchgezogenen Linien wie oben die Transaktionskasse der Haushalte, während die gestrichelte Linie für die L_T der Unternehmen steht. Wie man erkennt, ist der gesamte Bestand (und zugleich maximale) an Transaktionskasse immer 3 Mio. €, da sich die umlaufende Geldmenge ja immer in irgendwelchen Kassen befinden muss.

Verdeutlichen lässt sich insbesondere auch die Rolle der Umlaufgeschwindigkeit. Sie stellt die Verbindung zwischen der Geldmenge, die eine Bestandsgröße darstellt, und dem Einkommen, das eine Stromgröße ist, dar. Dies wird deutlich, wenn man sich überlegt, ob mit der vorhandenen Geldmenge von 3 Mio. € eigentlich auch ein doppelt so hohes Einkommen von 6 Mio. € zahlungstechnisch ermöglicht werden könnte. Dies würde voraussetzen, dass die Anzahl der Zahlungstermine verdoppelt wird. Zu Beginn des Monats würden nunmehr 3 Mio. € von den Unternehmen an die Haushalte ausbezahlt, in den Mitte des Monats gäbe es dann einen zweiten Zahlungstermin, an dem nochmals 3 Mio. € ausbezahlt würden:

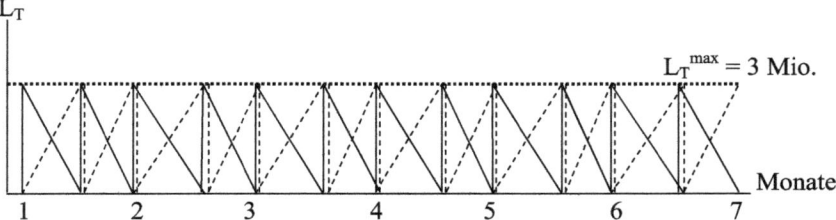

Abb. 4.3.: Transaktionskasse bei doppelter Umlaufgeschwindigkeit

Der Unterschied zwischen beiden Darstellungen ist deutlich zu erkennen. Obwohl sich an der maximalen Transaktionskasse von 3 Mio. € nichts geändert hat, haben sich wichtige Größen des Wirtschaftsprozesses geändert: Das Einkommen hat sich verdoppelt und die Umlaufgeschwindigkeit ebenfalls. Denn mit der umlaufenden Geldmenge von 3 Mio. € wird nun ein monatliches Transaktionsvolumen von 6 Mio. € abgewickelt. Das ist nur möglich, wenn die vorhandene Geldmenge im Schnitt zweimal (statt wie bisher einmal) monatlich für Transaktionen genutzt wird. Technisch ermöglicht wurde diese Verdoppelung der Umlaufgeschwindigkeit durch eine Veränderung der Zahlungsgewohnheiten (Umstellung von monatlichen auf vierzehntägige Gehaltszahlungen).

Die Umlaufgeschwindigkeit (v, aus dem englischen „velocity") ergibt sich somit rechnerisch als einfacher Quotient:

$$v = \frac{Y_n \leftarrow Stromgröße}{L_T \leftarrow Bestandsgröße}$$

$\longleftarrow$ *Verbindung*

Man sollte sich allerdings klar machen, dass hinter der Umlaufgeschwindigkeit Entscheidungen von Wirtschaftssubjekten stehen, die zumindest prinzipiell ökonomisch motiviert und somit erklärbar sein müssen. Wir wollen deshalb einen genaueren Blick hinter das Transaktionsmotiv werfen und gehen hierzu von der obigen Definition der Umlaufgeschwindigkeit aus. Diese wird zunächst umgeformt zu

$$L_T = \frac{1}{v} \cdot Y_n$$

Der Kehrwert der Umlaufgeschwindigkeit wird als Kassenhaltungskoeffizient k bezeichnet und als Verhaltensparameter interpretiert. In ihm spiegelt sich das von den Wirtschaftssubjekten gewünschte Verhältnis zwischen dem nominalen Volkseinkommen und der Kassenhaltung zu Transaktionszwecken wider:

$$L_T = k \cdot Y_n$$

ii. Cambridge-Gleichung und Neoquantitätstheorie

k ist also mehr als lediglich der Kehrwert der Umlaufgeschwindigkeit L_T / Y_n; es ist ein Parameter, in dessen Wert sich die Summe der individuellen Wünsche aller Wirtschaftssubjekte nach Kassenhaltung (für Transaktionszwecke) niederschlägt. Von dieser Interpretation des Kassenhaltungskoeffizienten lassen sich für das tiefere Verständnis des Transaktionsmotivs zwei Wege einschlagen. Erstens kann das nominale Volkseinkommen in eine reale und eine Preiskomponente aufgespalten werden; man gelangt auf diese Weise zur so genannten Cambridge-Gleichung. Zweitens kann nach einer mikroökonomischen Fundierung und Erklärung des Kassenhaltungskoeffizienten gefragt werden; das Resultat dieser Überlegungen führt zur Neoquantitätstheorie, die nebenbei auch wichtige Erkenntnisse über die Wirkungskanäle geldpolitischer Impulse liefert.

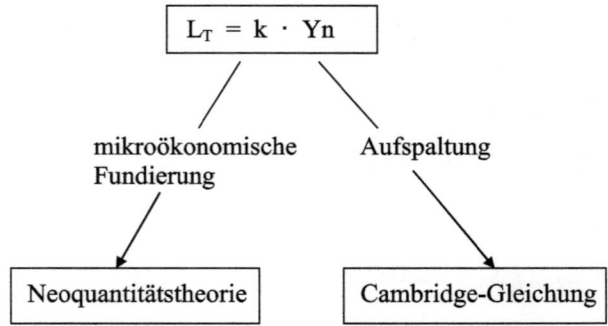

Zur **Cambridge-Gleichung** gelangt man, indem man das nominale Volkseinkommen Y_n in eine Preiskomponente und eine reale Komponente aufspaltet:

$$Y_n = P \cdot Y$$

In dieser Gleichung steht P für das Preisniveau, Y hingegen für das reale Volkseinkommen oder die reale Güterproduktion (was sich in etwas vereinfachter Sichtweise entspricht).

Es ergibt sich somit

$$L_T = k \cdot P \cdot Y \qquad \text{(Cambridge-Gleichung)}$$

Man erkennt hieran, dass drei Faktoren für die Höhe der Transaktionskassenhaltung verantwortlich sind. Der erste Faktor ist der bereits besprochene Kassenhaltungskoeffizient. Zweitens nimmt auch das Preisniveau Einfluss. Ein steigendes Preisniveau bedeutet, dass für das gleiche reale Transaktionsvolumen wie bisher höhere Preise zu zahlen sind. Das nominale Transaktionsvolumen steigt also und mit ihm auch der Bedarf an Transaktionskassenhaltung.

Bei der **Neoquantitätstheorie** geht es um eine mikroökonomisch fundierte Erklärung des Kassenhaltungskoeffizienten k. Um diese nachvollziehen zu können, muss zunächst der Grundansatz der Neoquantitätstheorie erläutert werden. Die Geldnachfrage wird hierbei als Teil einer umfassenden Entscheidung der Wirtschaftssubjekte über ihre Vermögensstruktur interpretiert. Geldhaltung wird dabei als legitimer Teil der Vermögenshaltung betrachtet. Insofern geht also die Neoquantitätstheorie deutlich über den Ansatz der klassischen Geldtheorie hinaus, die nur das Transaktionsmotiv als rational fundiertes Motiv der Kassenhaltung wertet.

Unter der **Vermögensstruktur** Str(A) eines Wirtschaftssubjektes versteht man die Aufteilung seines gesamten Vermögens auf unterschiedliche Arten von Aktiva. Hierzu zählen zunächst Aktiva etwa in Form von festverzinslichen Wertpapieren unterschiedlicher Laufzeiten und Emittenten, Fremdwährungsguthaben, Aktienbesitz, Sparguthaben, Terminanlagen und eben auch die liquide Geldhaltung (bar oder auf täglich fälligen Konten). Neben diesen Aktiva kommen Sachaktiva als Teil der Vermögenshaltung in Frage. Zu denken ist hier unter anderem an Immobilienbesitz oder Edelmetallanlagen. Schließlich gibt es auch noch immaterielles Vermögen wie Patente, Lizenzen oder Warenzeichen und das gesamte Humankapital. Letzteres geht ebenfalls in den Vermögensbegriff der Neoquantitätstheorie ein, der somit eine sehr umfassende Begriffsabgrenzung zugrunde liegt.

Die Geldnachfrage wird als von folgenden Größen abhängig betrachtet:

- Nutzen der Geldhaltung (Präferenz für Liquidität)
- Kosten und Erträge der Geldhaltung
- Opportunitätskosten der Geldhaltung
- Permanentes Einkommen und Vermögensstruktur

Man kann dies in einer ersten Formulierung der Geldnachfragefunktion so fassen:

$$L = L\,[\,U(L),\,K(L),\,E(L),\,K^{Op}(L),\,Y^P,\,Str(A)\,]$$

Im Weiteren geht es darum, die hinter den einzelnen Einflussfaktoren der Geldnachfrage stehenden Größen näher zu betrachten.

Der **Nutzen der Geldhaltung** $U(L)$ besteht in der jederzeitigen Verfügbarkeit und dem höchstmöglichen Liquiditätsgrad, den sie verkörpert. Ferner mag sich ein Wirtschaftssubjekt auch aus Sicherheitsgründen und Gründen der Bequemlichkeit veranlasst sehen, Liquidität zu halten. Diesen Nutzenüberlegungen stehen jedoch auch Kosten gegenüber.

Die **Kosten der Geldhaltung** $K(L)$ bestehen in der Entwertung durch die Inflation (Anstieg des Preisniveaus im Zeitablauf):

$$\text{Inflation} = \frac{1}{P}\frac{dP}{dt}\,.$$

Da ein bestimmter Geldbetrag durch den Preisanstieg an realem Gegenwert verliert, wird die Geldhaltung umso unattraktiver, je höher der (erwartete) Anstieg des Preisniveaus ausfällt. Allerdings bringt Geldhaltung in gewissem Umfang auch **Erträge** $E(L)$ ein. Diese hängen von der Art der Geldhaltung ab: Bargeld bringt überhaupt keine Erträge, Sichteinlagen kaum nennenswerte, andere Formen (wie Termingelder oder Spareinlagen, hingegen je nach Verzinsung durchaus. Hier kommt es also darauf an, wie weit man die Geldmenge abgrenzt, die man in die Betrachtung einbeziehen will. Erträge der Geldhaltung seien spezifiziert als z^L. Höhere Erträge der Geldhaltung steigern die gewünschte Liquidität.

Opportunitätskosten der Geldhaltung $K^{Op}(L)$ sind gegeben durch die entgangenen Erträge, auf die das Wirtschaftssubjekt aufgrund nicht genutzter Anlagemöglichkeiten verzichtet. Hierfür entscheidend ist das aktuelle Zinsniveau am Kapitalmarkt (z), das für den entgangenen Renditeverlust bei festverzinslichen Anleihen steht, sowie die durchschnittliche Dividendenrendite, die bei Aktienanlagen zu erzielen ist (d). Schließlich ist auch noch zu berücksichtigen, dass der Wert einer Anlage in Sachvermögen bei steigendem Preisniveau P ebenfalls zunimmt. Somit entstehen durch die Inflation nicht nur Kosten der Geldhaltung (wegen der realen Geldentwertung), sondern auch Opportunitätskosten durch entgangene Wertsteigerungen einer Vermögensanlage in Sachkapital. Während der erste Faktor allerdings eindeutig negativ auf die Geldhaltung wirkt, ist die Argumentation hinsichtlich des zweiten Faktors weniger eindeutig. Für einen gleichgerichteten Zusammenhang zwischen P (verstanden als Opportunitätskosten einer nicht getätigten Sachanlage) und der Geldhaltung spricht, dass bei niedrigem Preisniveau die Anschaffungskosten des Sachkapitals niedrig sind. Dies spricht für eine niedrige Kassenhaltung bei niedrigem Preisniveau. Andererseits nimmt bei steigendem Preisniveau der reale Wert des Sachvermögens zu, die Opportunitätskosten in Form entgangener Wertsteigerungen steigen somit ebenfalls. Diese Überlegung würde eher für eine abnehmende Kassenhaltung bei steigendem Preisniveau sprechen. Wir folgen im Weiteren der Konvention und gehen von einem gleichgerichteten Zusammenhang zwischen P und L aus.

Unter dem **permanenten Einkommen** Y^P Friedmanscher Prägung ist das für die Zukunft erwartete Einkommen zu verstehen. Es ergibt sich aus dem gesamten Vermögensbestand eines Wirtschaftssubjektes einschließlich seines Humankapitals. Auch hier wird der umfassende Vermögensbegriff der Neoquantitätstheorie nochmals deutlich. Das permanente Einkommen lässt sich verstehen als der erwartete Ertrag aus dem gesamten Vermögen eines Haushalts. Es lässt sich somit darstellen als Produkt aus Realzins z und Gesamtvermögen A (Assets) eines Wirtschaftssubjektes:

$$Y^P = z \cdot A$$

Hinsichtlich der Geldhaltung ist jedoch nicht nur die Höhe, sondern auch die **Struktur des Gesamtvermögens**, insbesondere das Verhältnis zwischen Humankapital und sonstigem Vermögen, zu berücksichtigen. Mit steigendem Anteil des Humankapitals am Gesamtvermögen (h) nimmt die Geldhaltung zu, da der Liquiditätsgrad dieses Vermögensbestandteils nahezu bei Null liegt. Die Wirtschaftssubjekte werden deshalb zu höherer Geldhaltung tendieren, je höher der Anteil des Humankapitals an ihrem Gesamtvermögen ausfällt.

Fasst man alle diese Überlegungen zusammen, so wird aus der provisorischen Formulierung der Geldnachfragefunktion

$$L = L[U(L), K(L), E(L), K^{Op}(L), Y^P, Str(A)]$$

die ausspezifizierte Form

$$L = L\left[U(L), \frac{1}{P}\cdot\frac{dP}{dt}, z^L, z, d, P, Y^P, h\right]$$

Die Einflussrichtung der darin auftretenden Erklärungsfaktoren ist gegeben durch:

$\delta L/\delta U(L) > 0$

$\delta L/\delta z^L > 0$

$\delta L/\delta P > 0$ $\quad\quad$ Positiver Einfluss auf die Geldnachfrage

$\delta L/\delta Y^P > 0$

$\delta L/\delta h > 0$

und

$\delta L/\delta\left(\dfrac{1}{P}\cdot\dfrac{dP}{dt}\right)$

$\delta L/\delta z < 0$ $\quad\quad$ Negativer Einfluss auf die Geldnachfrage

$\delta L/\delta d < 0$

Die Abhängigkeit zwischen der Geldnachfrage L und den auf der rechten Seite der Geldnachfragefunktion auftretenden Größen wird nun aber in neoquantitätstheoretischer Sicht gerade durch den Kassenhaltungskoeffizienten wiedergegeben. Um dies deutlich hervortreten zu lassen, beziehen wir die Geldnachfragefunktion zunächst auf das permanente Einkommen Y^P und setzen anschließend k als Symbol für diese funktionale Abhängigkeit ein. Wir erhalten damit

$$\frac{L}{Y^P} = \frac{L}{Y^P}\left[U(L), \frac{1}{P}\cdot\frac{dP}{dt}, z^L, z, d, \frac{P}{Y^P}, h\right]$$

Nun lässt sich die Neoquantitätstheorie zwanglos mit der Cambridge-Gleichung verknüpfen. Einsetzen von k als Funktionssymbol ergibt

$$\frac{L}{Y^P} = k\left(U(L), \frac{1}{P} \cdot \frac{dP}{dt}, z^L, z, d, \frac{P}{Y^P}, h\right)$$

beziehungsweise, nach L aufgelöst:

$$L = k\left(U(L), \frac{1}{P} \cdot \frac{dP}{dt}, z^L, z, d, \frac{P}{Y^P}, h\right) \cdot Y^P$$

Der letzte Ausdruck vereinfacht sich erheblich, wenn man die Faktoren in der Klammer, die für die mikroökonomische Erklärung des Kassenhaltungskoeffizienten stehen, durch das Symbol ε ersetzt:

$$L = k(\varepsilon) \cdot Y^P$$

Durch die Aufspaltung des permanenten Einkommens in eine real und eine Preiskomponente ergibt sich

$$L = k(\varepsilon) \cdot P \cdot Y_R^P$$

Der Unterschied dieser Neuformulierung der Cambridge-Gleichung zur weiter oben angegebenen ursprünglichen Version ist deutlich zu erkennen. Der Kassenhaltungskoeffizient (und damit natürlich auch die Umlaufgeschwindigkeit) wird nicht mehr als deskriptive statistische Größe aufgefasst, sondern verhaltenstheoretisch erklärt, verdeutlicht durch das Symbol ε. Ferner nimmt das Realeinkommen nicht in seiner traditionellen Form als aktuell gemessene Größe auf die Kassenhaltung Einfluss, sondern als permanentes Realeinkommen. Somit lässt sich auch die ursprüngliche Quantitätsgleichung neu formulieren als

$$M \cdot v(\varepsilon) = P \cdot Y_R^P$$

Somit ist man bei der Neoquantitätstheorie angelangt, die der einfachen Version der Quantitätstheorie eine neue, mikroökonomisch erklärte Fundierung gab und dadurch ganz wesentlich zur Renaissance des quantitätstheoretischen Denkens in der Geldpolitik beitrug.

iii. Optimierung der Transaktionskasse

Bei der Darstellung der Transaktionskassenhaltung gingen wir davon aus, dass die Wirtschaftssubjekte die Höhe ihrer Kassenhaltung von ihrem nominalen Einkommen abhängig machen. Ferner unterstellten wir, dass sie ihren Transaktionsbedarf den gesamten Monat über in gleich bleibenden Beträgen absolvieren. Dies impliziert eine perfekte Voraussicht des jeweiligen Bedarfs an Transaktionskasse. Es stellt sich dann aber die Frage, warum Wirtschaftssubjekte, die über eine derart detaillierte Information bezüglich ihres Kassenbedarfs verfügen, ihren gesamten Transaktionskassenbedarf eines Monats (oder allgemein: einer Periode) in der Kasse belassen sollten.

Einleuchtender wäre doch folgendes Verhalten: Man unterteilt den gesamten Geldbedarf in gleich große Tranchen – etwa drei mit jeweils zehntägiger Laufzeit – und verfügt somit nur über einen maximalen Kassenbestand von einem Drittel des gesamten Betrages. Der Rest, der momentan noch nicht für Transaktionen benötigt wird, erbringt in der Zwischenzeit einen Zinsertrag. Dieser Gedanke liegt der **Optimierung** der Transaktionskasse zugrunde, die häufig auch als **Ökonomisierung** bezeichnet wird. Die wesentlichen Beiträge hierzu wurden von der **Postkeynesianischen** Geldtheorie ausgearbeitet (William J. Baumol und James Tobin). Die Entwicklung des ökonomisierten Transaktionskassenbestandes der privaten Haushalte stellt sich am oben geschilderten Beispiel wie folgt dar:

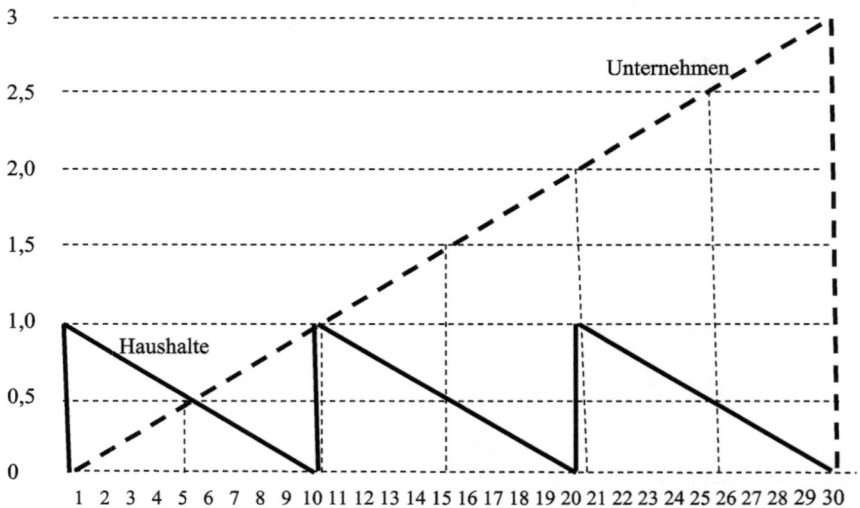

Abb. 4.4: Optimierung der Transaktionskasse

Natürlich ließen sich auch für den Kassenbestand der Unternehmen analoge Überlegungen anstellen; diese wurden in der obigen Abbildung nicht berücksichtigt. Man beachte jedoch, dass hier keine zusätzlichen Zahlungstermine eingeführt wurden, wie dies bei den Betrachtungen zur Rolle der Umlaufgeschwindigkeit der Fall war.

Es ist einleuchtend, dass der mögliche Zinsertrag für die Optimierung der Kassenhaltung eine Rolle spielen wird. Genauso müssen aber auch die Kosten in Betracht gezogen werden, die mit einer solch kurzfristigen Anlage verbunden sind. Hierunter sind etwa Kosten der Informationsbeschaffung, Zeitaufwand oder Transaktionskosten wie Gebühren oder Provisionen.

Somit wird die Transaktionskasse als abhängig gesehen vom nominalen Einkommen Y_n, dem Kassenhaltungskoeffizienten k, den Umwandlungskosten K^U und den möglichen Zinserträgen z:

$$L_T = L_T(k, Y_n, K^U, z)$$

Die Richtung der Abhängigkeit ist dabei gegeben durch

$\delta L_T/\delta k > 0$

$\delta L_T/\delta Y_n > 0$ $\quad\}$ Positiver Einfluss auf Transaktionskasse

$\delta L_T/\delta K^U > 0$

und

$\delta L_T/\delta z < 0$ $\quad\}$ Negativer Einfluss auf Transaktionskasse

Auch im Rahmen dieser Betrachtungsweise zeigt sich, dass der Zusammenhang zwischen Zins und Kassenhaltung negativ ist. Es sollte allerdings nicht verkannt werden, dass im Kontext der Neoquantitätstheorie der Zins als Erklärungsgröße hinter dem Kassenhaltungskoeffizienten stand, während er im hier diskutierten Ansatz direkt und unmittelbar auf die Höhe der Transaktionskasse Einfluss nimmt.

c. Das Spekulationsmotiv der Geldnachfrage

i. Grundgedanken

Dass Wirtschaftssubjekte Kassenhaltung zu Transaktionszwecken tätigen, ist unbestritten und wird auch von der Geldtheorie Keynesianischer Prägung nicht in Zweifel gezogen. Keynes selbst betonte jedoch, dass es neben diesem offenkundigen Motiv der Geldnachfrage weitere Motive gibt, die von der klassischen Geldtheorie übersehen wurden. Zum einen nannte er das weiter oben kurz gestreifte Vorsichtsmotiv, das wir uns vereinfacht als prozentualen Aufschlag auf die eigentlich benötigte Transaktionskasse vorgestellt hatten.

Daneben – und wichtiger – ist allerdings ein anderes Motiv. Keynes nannte es das **Spekulationsmotiv**, weil seine Rechtfertigung auf einer erwarteten Änderung der Zinsen beruht – also auf einem spekulativen Anreiz. Der Grund hierfür liegt in der inversen Beziehung zwischen dem Kurs eines festverzinslichen Wertpapiers und seiner Effektivverzinsung (Rendite).

$$z^E = \frac{z^N \cdot 100}{\text{Kurs}}$$

Ein Wertpapier, das auf einen Betrag von 100 € lautet, hat eine effektive Verzinsung oder Rendite, die sich aus dem Quotienten des mit 100 multiplizierten Nominalzinses, dividiert durch den aktuellen Kurs des Papiers, errechnet. Beispielsweise würde ein Papier mit einer Verzinsung von nominal 4 % ($z^N = 0{,}04$) und einem Tageskurs von 110 € eine Rendite von rund 3,6 % abwerfen ($z^E = 0{,}036$). Ein Investor, der dieses Papier zum aktuellen Kurs kauft, bekommt jährlich den Betrag von 4 € ausgezahlt. Da er dafür aber 110 € einsetzt, verringert sich seine effektive Rendite also entsprechend.

Hieraus ergibt sich nach Keynes nun ein spekulatives Element der Kassenhaltung. Nach klassischer Auffassung sollte ein Wirtschaftssubjekt, das über einen Geldbetrag verfügt, den es nicht für Transaktionszwecke benötigt, diesen Betrag am Kapitalmarkt anlegen (wir beschränken uns in der Betrachtung auf festverzinsliche Wertpapiere, da Aktienerwerb eigentlich ein unternehmerisches Engagement darstellt). Ein Halten des nicht für Transaktionszwecke benötigten Geldes in der Kasse bringt einen Verzicht auf mögliche Zinserträge mit sich und erscheint unter dem Blickwinkel der ökonomischen Rationalität als unvernünftig. Wird jedoch für die nähere Zukunft ein Sinken der Kurse für festverzinsliche Wertpapiere erwartet, so kann eine Kassenhaltung durchaus vernünftig sein, denn sinkende Kurse bedingen steigende Effektivverzinsungen und damit höhere künftige Erträge. Sind die Kurse am Rentenmarkt also hoch (und die

Effektivzinsen entsprechend niedrig), so wird verstärkt mit wieder sinkenden Kursen und steigenden Effektivzinsen zu rechnen sein. In solchen Phasen wird sich folgerichtig eine zunehmende Spekulationskassenhaltung aufbauen.

In Phasen niedriger Kurse und hoher Renditen am Rentenmarkt ist es hingegen umgekehrt: In Erwartung wieder steigender Kurse und sinkender Renditen werden sich die Wirtschaftssubjekte so verhalten, dass Beträge, die bisher in der Spekulationskasse gehalten wurden, vermehrt am Kapitalmarkt angelegt werden. Die Spekulationskassenhaltung muss dann aber abnehmen.

In der so genannten Liquiditätspräferenzfunktion schlägt sich dieser Gedankengang nieder:

$$L_S = L_S(z) \text{ mit } dL_S/dz < 0$$

Die Spekulationskassenhaltung nimmt also mit steigendem Marktzins ab. Graphisch stellt sich die Liquiditätspräferenzfunktion wie folgt dar:

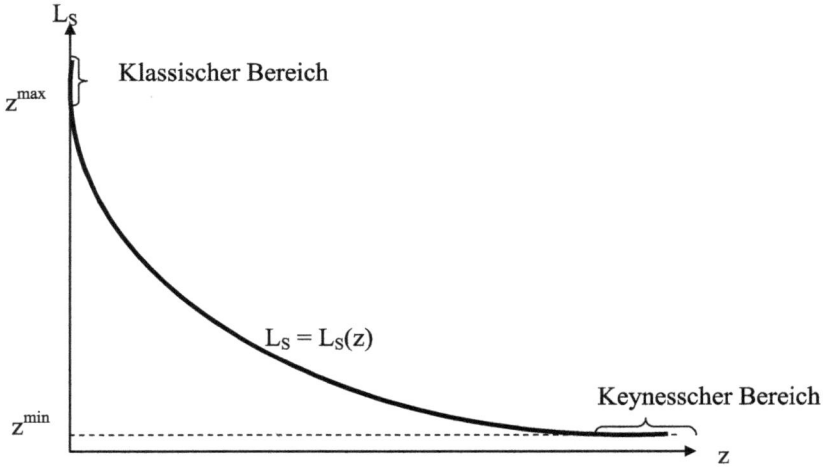

Abb. 4.5: Liquiditätspräferenzfunktion

Bei einem sehr hohen Zinsniveau z^{max} – was etwa für einen historischer Höchstzins der vergangenen zwanzig Jahre stehen könnte – wird die Spekulationskassenhaltung auf Null zurückgehen, denn es werden sich dann praktisch keine Wirtschaftssubjekte finden, die auf noch weiter steigende Zinsen spekulieren.

Geht der Zins hingegen bis auf das extrem niedrige Niveau z^{min} zurück, dann werden sich bei den Finanzmarktakteuren starke Erwartungen auf wieder steigende Zinsen ausbilden. Gelangen sie während einer solchen extremen Niedrigzinsphase in den Besitz einer zusätzlichen Geldmenge, könnte die Spekulationskasse im Prinzip beliebig groß werden. Daher verläuft die Liquiditätspräferenzfunktion ab z^{min} parallel zur z-Achse (Keynesscher Bereich). Der senkrecht verlaufende Teil der Liquiditätspräferenzfunktion ist der so genannte klassische Bereich; in diesem Teil der Funktion ist die Spekulationskasse auf Null gesunken und die Wirtschaftssubjekte tätigen nur noch Transaktionskassenhaltung (worunter die Vorsichtskassenhaltung wie bereits erwähnt subsumiert wird).

ii. *Optimierung der Spekulationskasse*

Auch die Spekulationskassenhaltung lässt sich einer eingehenderen Betrachtung unterziehen, wobei abermals dem Gedanken einer Optimierung der Kassenhaltung die wesentliche Bedeutung zukommt. Bisher wurde implizit davon ausgegangen, dass ein bestimmter Geldbetrag, der nicht für Transaktionszwecke benötigt wird, entweder komplett in der Spekulationskasse gehalten wird, oder am Kapitalmarkt angelegt wird und damit aus der Spekulationskasse ausscheidet. Der Optimierungsansatz geht nun davon aus, dass die Wirtschaftssubjekte den gesamten für Spekulationszwecke verfügbaren Betrag aufsplitten und dann teilweise in liquider Form in der Spekulationskasse halten und teilweise in verzinslichen Anlageformen anlegen. Da Bargeldhaltung zwar risikolos ist, aber auch keine Erträge bringt und andererseits steigende Ertragsmöglichkeiten auch mit einem Anstieg des Anlagerisikos einhergehen, ist die Entscheidung über die Optimierung der Spekulationskasse unter Risiko – und Ertragsgesichtspunkten zu analysieren. Die Grundlage hierfür liefert die Theorie der Portfolioselektion.

Die **Portfolio Selection Theorie** (PST), vor allem verbunden mit den Namen James Tobin und Harry M. Markowitz, hat hierzu wesentliche Beiträge ausgearbeitet. Das Grundanliegen der PST besteht darin, ein so genanntes effizientes Portfolio zu bestimmen. Nach Markowitz zeichnet sich ein effizientes Portfolio dadurch aus, dass das das Risiko des gesamten Portfolios kleiner oder maximal gleich dem durchschnittlichen Risiko der einzelnen in ihm enthaltenen Wertpapiere ist.

Effiziente Portfolios liegen in einem Diagramm, an dessen Achsen die Rendite eines Portfolios seinem Risiko zugeordnet wird, auf der so genannten **Effizienzkurve**: Es lässt sich kein anderes Portfolio finden, das bei gegebenem Risiko eine höhere erwartete Rendite liefert oder – alternativ formuliert – es gibt kein anderes Portfolio, das bei gegebener erwarteter Rendite mit einem geringeren Risiko verbunden wäre (siehe folgende Abbildung).

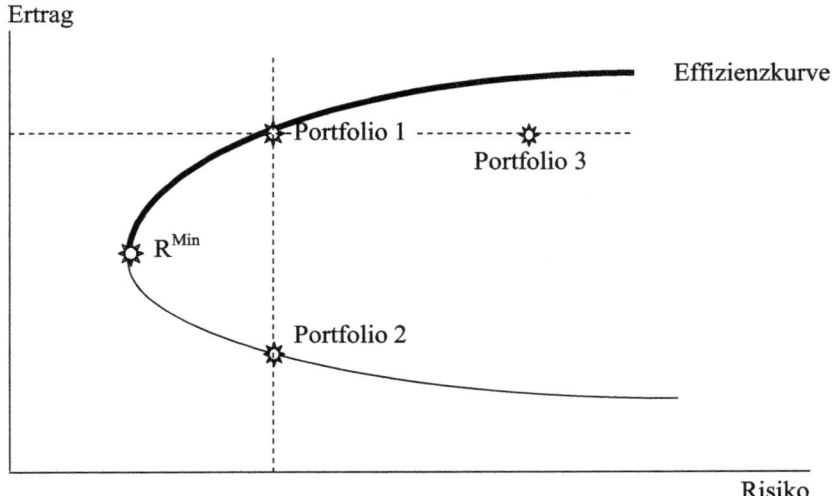

Abb. 4.6: Effizienzkurve

Die obige Abbildung gibt die Effizienzkurve nach Markowitz wieder. Tobin arbeitet mit einer linearen **Effizienzlinie**, die sich durch die Einbeziehung eines risikolosen Finanztitels in das Portfolio ergibt. Ob allerdings vollkommen risikolose Finanztitel tatsächlich existieren können, mag hier dahingestellt bleiben.

Portfolio 1 ist ein effizientes Portfolio. Portfolio 2 bietet im Vergleich dazu zwar das gleiche Risiko, aber einen geringeren zu erwartenden Ertrag. Hingegen lässt Portfolio 3 den gleichen Ertrag erwarten, ist jedoch mit einem höheren Risiko verbunden. Auch das Portfolio R^{Min} ist ein effizientes Portfolio, ist mit dem geringsten Risiko überhaupt verbunden und würde deshalb wohl von einem besonders risikoscheuen Wirtschaftssubjekt bevorzugt werden (**Minimum-Varianz-Portfolio**).

Das Individuum wird nun aus der Gruppe der effizienten Portefeuilles jenes wählen, das bei gegebener individueller Einstellung gegenüber dem Risiko den höchsten Nutzen verspricht. Die Risikoeinstellung eines Individuums lässt sich mit Hilfe einer Indifferenzkurvendarstellung erfassen. Im R/E-Diagramm verläuft die Indifferenzkurve steigend, da ein Wirtschaftssubjekt nur bei höheren Ertragsaussichten bereit sein wird, ein höheres Risiko einzugehen. Dabei ist davon auszugehen, dass die Indifferenzkurve bei einer gewissen Scheu gegenüber dem Risiko sich nach oben hin krümmt, und zwar umso mehr, je stärker die Risikoscheu ausgeprägt ist. Eine im Diagramm höher gelegene Indifferenzkurve repräsentiert ein höheres Risiko; das Individuum ist also bestrebt, ein auf der Effizienzkurve liegendes Portfolio auszuwählen, das die am weitesten oben liegende Indifferenzkurve gerade noch tangiert. Diese Bedingung erfüllt in der folgenden Abbildung das Portfolio 1:

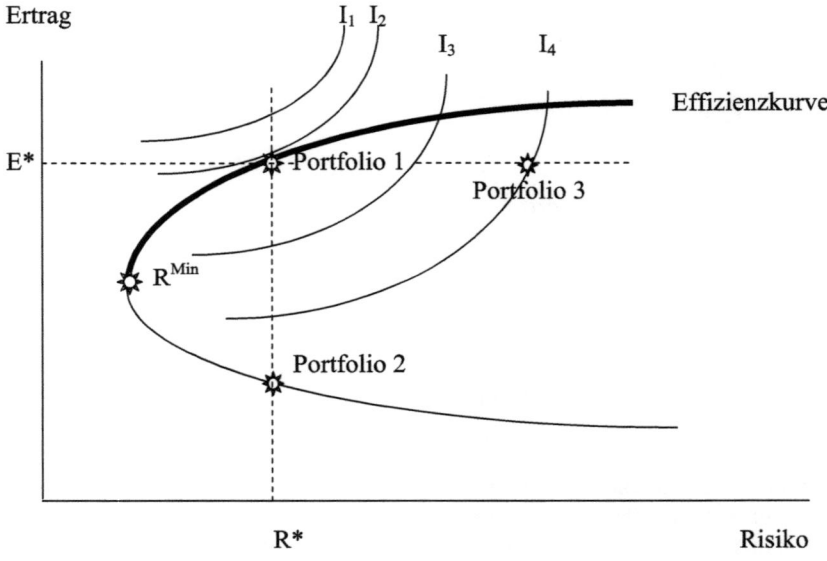

Abb. 4.7: Portfolio Selection

Portfolio 3 liegt auch auf einer Indifferenzkurve (I_4), die jedoch ein niedrigeres Nutzenniveau repräsentiert. Darüber hinaus ist es kein effizientes Portfolio, da es die gleichen Ertragsaussichten wie Portfolio 1 beinhaltet, jedoch mit einem höheren Risiko verbunden ist. Indifferenzkurve 1 hingegen wäre zwar mit einem höheren Nutzenniveau verbunden, sie lässt sich jedoch nicht erreichen.

Aus dem optimalen Portfolio 1 lässt sich nun die Höhe der Spekulationskassenhaltung ableiten. Geht man von einer linearen Beziehung zwischen dem Anteil der Wertpapierhaltung am Gesamtvermögen und dem damit verbundenen Risiko aus, so lässt sich zeigen, welcher Anteil des Vermögens in Form von Wertpapieren gehalten wird und welcher Teil in liquider Form in der Spekulationskasse verbleibt.

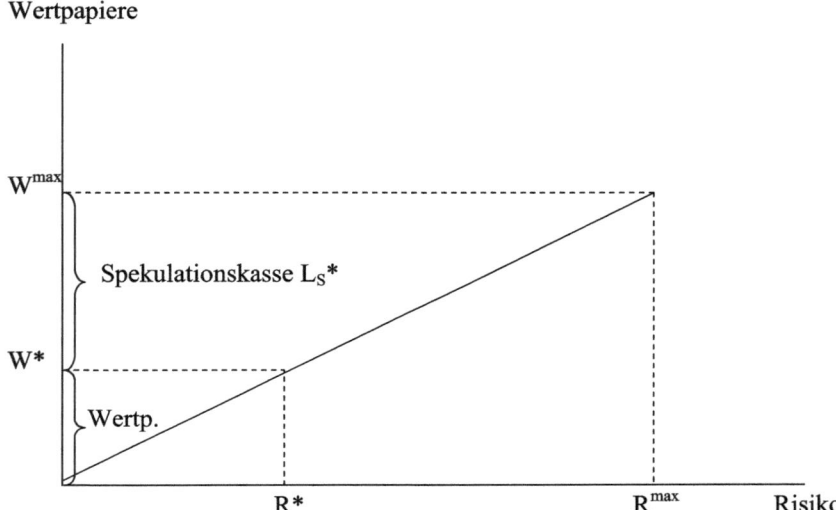

Abb. 4.8: Wertpapierhaltung und Spekulationskasse

Wenn ein Wirtschaftssubjekt sein gesamtes Vermögen in Wertpapiere investiert, so ist sein Risiko aus dem Portfolio maximal (R^{max}) und der Anteil von Wertpapierbesitz am Gesamtvermögen beträgt 100% (W^{max}). Die Spekulationskassenhaltung ist folglich Null. Mit sinkendem Anteil der Wertpapierhaltung geht das Risiko des Portfolios zurück und die Spekulationskasse nimmt zu. Ein Wirtschaftssubjekt, das sich für Portfolio 1 aus der vorigen Abbildung entscheidet, investiert somit einen Teil seines Gesamtvermögens in Wertpapiere (W^*) und hält den Rest in Form von Spekulationskasse (L_S^*).

Ändert sich durch diese Analyse etwas am inversen Zusammenhang zwischen Zins und Spekulationskasse? Im Prinzip nicht. Denn wenn der erwartete Ertrag aus der Wertpapierhaltung zunimmt (der Zins steigt), dann kann bei gleichem Risiko wie bisher ein höherer Ertrag erzielt werden bzw. – was auf dasselbe hinausläuft – der gleiche Ertrag bei geringerem Risiko erreicht werden. Dadurch steigt voraussichtlich die Bereitschaft zur Wertpapierhaltung und die Spekulationskasse nimmt ab. Allerdings muss man hinzufügen, dass der Effekt auf die Spekulationskasse vor der Präferenzstruktur des Individuums abhängt: Denkbar wäre auch, dass die Spekulationskasse gleich bleibt (das Individuum akzeptiert keinen höheren Risikograd in seinem Portfolio, behält seinen Wertpapieranteil bei und freut sich über die höheren Erträge) oder möglicherweise sogar zurückgeht: Letzteres wäre vorstellbar, wenn das Wirtschaftssubjekt sich ein festes Ertragsziel setzt und nun feststellt, dass dieses Ziel wegen des gestiegenen Zinses nun mit einem geringeren Wertpapieranteil realisierbar ist. Eine solche Reaktion dürfte aber wohl eher die Ausnahme sein, denn sie würde der Zielsetzung der Ertragsmaximierung widersprechen.

d. Gesamtwirtschaftliche Geldnachfrage

Fasst man Spekulations- und Transaktionskassenhaltung (einschließlich der Vorsichtskasse) zusammen, so erhält man die gesamtwirtschaftliche Geldnachfrage

$$L = L_T + L_S = L_T(Y) + L_S(z)$$

Graphisch lässt sie sich darstellen, indem zur Liquiditätspräferenzfunktion der konstante Betrag der Transaktionskasse hinzuaddiert wird. Die Liquiditätspräferenzfunktion verschiebt sich dadurch genau um den Betrag der Transaktionskasse nach rechts. Die Transaktionskasse wird in dieser traditionellen, auf dem Keynesianischen Standardmodell basierenden Darstellung also lediglich als einkommensabhängig, jedoch unabhängig von der Höhe des Marktzinses betrachtet.

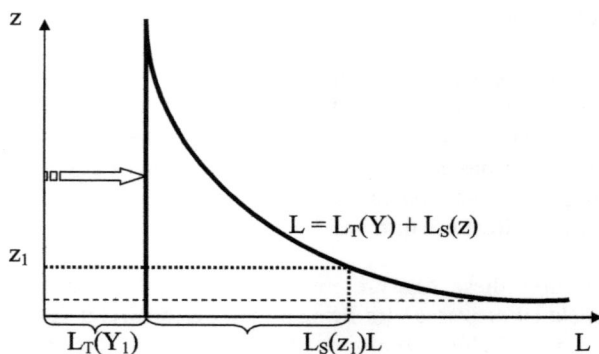

Abb. 4.9: Gesamtwirtschaftliche Geldnachfrage

Man erhält beispielsweise bei Y_1 und z_1 eine gesamtwirtschaftliche Geldnachfrage in Höhe von L, die sich additiv aus $L_T(Y_1)$ und $L_S(z_1)$ zusammensetzt. Der Vorteil dieser Darstellungsweise liegt darin, dass sich der Einfluss der beiden Einflussfaktoren auf die gesamte Geldnachfrage simultan nachvollziehen lässt. Wenn etwa das Volkseinkommen und der Marktzins gleichzeitig steigen, so ergeben sich zwei Teileffekte für die gesamtwirtschaftliche Geldnachfrage:

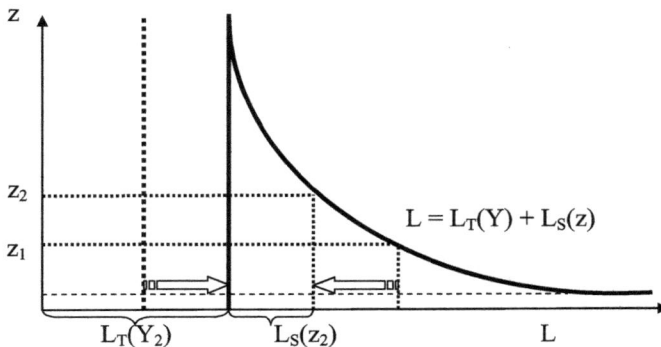

Abb. 4.10: Gesamtwirtschaftliche Geldnachfrage

Als erster Effekt ergibt sich eine Erhöhung der Transaktionskassenhaltung aufgrund des gestiegenen Volkseinkommens. In obiger Abbildung hat sich die gesamtwirtschaftliche Geldnachfragefunktion nach rechts verschoben. Es gilt somit:

$L_T(Y_2) > L_T(Y_1)$

Als zweiten Effekt beobachtet man eine Verringerung der Spekulationskassenhaltung, da der Marktzins ebenfalls gestiegen ist:

$L_S(z_2) < L_S(z_1)$

Wie die Gesamtwirkung auf die Geldnachfrage ausfällt, hängt nun davon ab, welche der beiden Anpassungsreaktionen stärker ist:

$\Delta L = \Delta L_T(Y) + \Delta L_S(z)$

und somit

$\Delta L > 0$ für $\Delta L_T(Y) > |\Delta L_S(z)|$

beziehungsweise

$\Delta L < 0$ für $\Delta L_T(Y) < |\Delta L_S(z)|$

Führt man die gesamtwirtschaftliche Geldnachfrage mit dem als autonom angenommenen Geldangebot (M^a) seitens der Zentralbank zusammen, so ergibt sich daraus die aus der Keynesianischen Makroökonomik bekannte LM-Kurve. Die Gleichgewichtsbedingung für den makroökonomischen Geldmarkt lautet

$$M^a = L_T(Y) + L_S(z)$$

Daraus ergeben sich zueinander passende Kombinationen zwischen Zins und Volkseinkommen, die alle mit einem Gleichgewicht auf dem Geldmarkt verbunden sind. Diese Kombinationen liegen auf der LM Kurve, die sich grundsätzlich immer dann nach rechts verschiebt, wenn sich die Geldmenge erhöht (oder andere Faktoren sich so auswirken wie eine Erhöhung der Geldmenge).

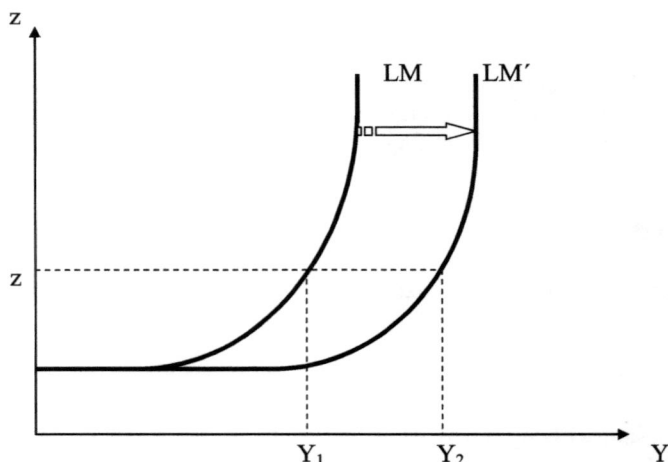

Abb. 4.11: LM-Kurve und Rechtsverschiebung der Kurve

Weitergehende Überlegungen zur LM-Kurve und zu der das Keynesianische Gütermarktgleichgewicht repräsentierenden IS-Kurve gehören in das Gebiet der makroökonomischen Theorie und können in diesem Kontext unterbleiben. Wo es erforderlich ist, kommen wir bei der Diskussion der Geldpolitik im nächsten Kapitel nochmals auf das IS/LM-Modell zu sprechen.

5. Die europäische Geldpolitik

a. EZB, Eurosystem und Europäisches System der Zentralbanken

Seit dem 1. Januar 1999 liegt die Verantwortung für die Geldpolitik in den Ländern der Euro-Zone bei der **Europäischen Zentralbank** (EZB) mit Sitz in Frankfurt am Main. Der Euro ist heute gesetzliches Zahlungsmittel in 16 Ländern, die alle Mitglieder der Europäischen Union sind. Die Zentralbanken dieser 16 Euro-Länder bilden zusammen mit der Europäischen Zentralbank das **Eurosystem**. Die Zentralbanken der verbleibenden elf Mitgliedsländer der Europäischen Union, die den Euro nicht (oder noch nicht) als Zahlungsmittel eingeführt haben, sind gemeinsam mit der EZB und den Zentralbanken der Euro-Länder Teil des **Europäischen Systems der Zentralbanken** (ESZB). Damit soll dem berechtigten Informations- und Mitwirkungsinteresse dieser Länder Rechnung getragen werden. Allerdings werden die geldpolitischen Entscheidungen nur vom Eurosystem getroffen.

Das Gremium, das für die geldpolitischen Entscheidungen zuständig ist, ist der **EZB-Rat**, in dem alle Präsidenten der nationalen Zentralbanken des Eurosystems kraft Amtes vertreten sind. Hier werden sämtliche Leitlinien und Beschlüsse verabschiedet, die zur Erfüllung der Aufgaben des Eurosystems notwendig sind. Dies betrifft etwa die Festsetzung der Leitzinsen oder die Versorgung des Geschäftsbankensystems mit Liquidität. Teil des EZB-Rats ist auch das **Direktorium** der EZB, das aus Präsident, Vizepräsident und vier weiteren Personen besteht. Das Direktorium ist – neben der Mitwirkung an den geldpolitischen Entscheidungen des EZB-Rats – zuständig für die Führung der laufenden Geschäfte der EZB, die konkrete Durchführung der Geldpolitik und die Vorbereitung der Sitzungen des EZB-Rats. Die Mitglieder des Direktoriums werden von den Wirtschafts- und Finanzministern der Europäischen Union benannt. Nach einer Anhörung durch das Europäische Parlament und durch den EZB-Rat werden sie schließlich von den Staats- und Regierungschefs ernannt. Ihre Amtszeit beträgt acht Jahre, eine Wiederwahl ist nicht möglich. Diese Regelung stützt die Unabhängigkeit der Mitglieder des EZB-Rats.

Die Unabhängigkeit oder **Autonomie** der Europäischen Zentralbank ist eines ihrer wesentlichen Charakteristika. Darin ähnelt sie der Deutschen Bundesbank, die sich durch ihre Autonomie stets Respekt und Anerkennung verschafft hat. Die Autonomie der Zentralbank ist auch ein nicht zu unterschätzender Faktor, der zur Wahrung der Preisstabilität beiträgt. Empirische Untersuchungen weisen darauf hin, dass in Ländern mit hohem Grad an Zentralbankautonomie die Preisstabilität besser gewahrt wird als in Ländern, deren Zentralbanken von politischen Weisungen abhängig sind. Artikel 8 des Vertrages zur Gründung der Europäischen Gemeinschaft (Maastricht-Vertrag) legt daher unzweifelhaft fest:

„Bei der Wahrnehmung der ihnen durch diesen Vertrag und die Satzung des ESZB [Eurosystems] übertragenen Befugnisse, Aufgaben und Pflichten darf weder die EZB noch eine nationale Zentralbank noch ein Mitglied ihrer Beschlussorgane Weisungen von Organen oder Einrichtungen der Gemeinschaft, Regierungen der Mitgliedsstaaten oder anderen Stellen einholen oder entgegennehmen."

Das Gremium, innerhalb dessen sich alle Mitgliedländer des Europäischen Systems der Zentralbanken einbringen können, ist der **Erweiterte Rat** der EZB. Ihm gehören neben Präsident und Vizepräsident der EZB alle nationalen Zentralbankpräsidenten der EU-Mitgliedsländer an. Die Aufgaben des erweiterten Rates bestehen in der Beobachtung und Berichterstattung über die Konvergenzfortschritte der potenziellen künftigen Euro-Länder sowie in der Unterstützung der EZB hinsichtlich der Erhebung statistischer Daten sowie ihrer Berichtstätigkeit und beratenden Funktionen. Die folgende Abbildung soll die komplexe europäische Zentralbank-Architektur verdeutlichen.

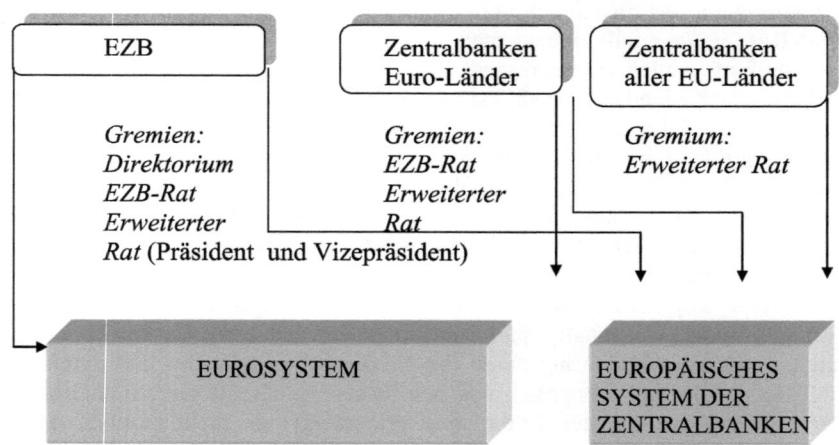

Abb. 5.1: Die europäische Zentralbank-Architektur

Während die EZB und die Zentralbanken der Euro-Länder sowohl dem Euro-System als auch dem Europäischen System der Zentralbanken angehören, sind diejenigen Mitgliedsländer der EU, die den Euro nicht als Zahlungsmittel eingeführt haben, Bestandteil des Europäischen Systems der Zentralbanken. Eine synonyme Verwendung der Begriffe Eurosystem, ESZB und EZB ist also streng genommen nicht korrekt, gleichwohl ist sie häufig anzutreffen.

Die EZB ist bei der Durchführung ihrer Geldpolitik vorrangig verpflichtet, die Sicherung der Preisstabilität zu gewährleisten. Darüber hinaus hat sie weitere Aufgaben zu erfüllen, auf die wir im Wesentlichen bereits in Kapitel 2 eingegangen sind. Zur Erfüllung ihrer Aufgaben stehen der EZB eine Reihe geldpolitischer Instrumente zur Verfügung, die im weiteren Verlauf dargestellt werden sollen.

b. Die Instrumente der Europäischen Zentralbank

Der Instrumentenkasten der EZB umfasst drei Gruppen von Instrumenten: Offenmarktgeschäfte, Ständige Fazilitäten und die Mindestreservepolitik.

Im Rahmen ihrer **Offenmarktgeschäfte** tätigt die EZB Käufe oder Verkäufe von festverzinslichen Wertpapieren am offenen Markt (auf eigene Rechnung). Wertpapierkäufe dienen dabei der Liquiditätszuführung im Rahmen einer expansiven Geldpolitik, Verkäufe der Liquiditätsabführung als Teil einer kontraktiven Geldpolitik.

Bereits die Bundesbank hat über lange Jahre hinweg Offenmarktgeschäfte als zentrales geldpolitisches Instrument eingesetzt, und zwar bevorzugt in der besonderen Form des **Wertpapierpensionsgeschäftes**. Bei dieser Konstruktion wird der Kauf von Wertpapieren durch die Zentralbank von vornherein zeitlich befristet. Nach einer gewissen, vorher festgelegten Laufzeit wird das Geschäft also rückgängig gemacht und die Geschäftsbanken müssen die Wertpapiere, die sie zuvor an die Zentralbank verkauft hatten, wieder zurückkaufen. Es handelt sich also um eine zeitlich befristete Liquiditätsbereitstellung bzw. Zentralbankgeldschöpfung.

Der Effekt auf die Geldmenge M1 ist vom gewählten Partner des Wertpapierpensionsgeschäftes abhängig. Handelt es sich um Geschäftsbanken, so ist die Wirkung auf die Geldmenge indirekt: Zunächst kommt es lediglich zu einem Anstieg der Zentralbankgeldmenge. Erst wenn die zusätzliche Liquidität von den Banken genutzt wird, um Geschäfte mit dem Nichtbankensektor zu tätigen (etwa durch Kreditvergabe), so kommt es zu einem entsprechenden Anstieg der Geldmenge. Möchte die Zentralbank die Geldmenge allerdings direkt beeinflussen, so kommen auch Wertpapierpensionsgeschäfte mit Nichtbanken in Frage. In diesem Fall wird der Anstieg der Zentralbankgeldmenge von einem identischen Anstieg der Geldmenge begleitet.

Die Europäische Zentralbank praktiziert Wertpapierpensionsgeschäfte mit unterschiedlichen Laufzeiten. Das wichtigste hierbei ist das **Hauptrefinanzierungsgeschäft** mit einwöchiger Laufzeit. Es wird nach einer streng standardisierten

Ausschreibungsprozedur, dem so genannten **Tenderverfahren** abgewickelt. Zwei Varianten sind hier möglich: Beim **Mengentender** wird der Zins, also der Preis, den die Geschäftsbanken für die Inanspruchnahme der Liquidität zahlen müssen, fest vorgegeben. Dieser Zins für das einwöchige Hauptrefinanzierungsgeschäft ist einer der Leitzinsen der EZB und wird heute als „der" Leitzins schlechthin betrachtet. Er liegt aktuell, als Folge der immer noch schwelenden Wirtschaftskrise, bei 1,0 Prozent und damit auf einem historischen Rekordtief. Die Banken müssen beim Mengentender Gebote über das Volumen der von ihnen gewünschten Liquidität abgeben und erhalten von der EZB eine Zuteilung in Höhe eines gewissen Prozentsatzes.

Bei der zweiten Variante des Tenderverfahrens, dem **Zinstender**, müssen die Banken hier Gebote sowohl für das Volumen der Liquidität als auch für den Zins abgeben, den zu zahlen sie bereit sind. Die Zuteilung erfolgt anschließend nach der Höhe des gebotenen Zinssatzes, beginnend mit dem höchsten Gebot – so lange bis das Gesamtvolumen des Geschäftes erschöpft ist. Der niedrigste Zins, der hierbei gerade noch zum Zug kommt, ist der marginale Zinssatz. Eine Bank, die einen zu niedrigen Zins bietet, fällt also unter den Tisch. Der tatsächlich bezahlte Zins für das Hauptrefinanzierungsgeschäft kann sich beim Zinstender also erst als Ergebnis der Auktion einpendeln. Dabei sind nochmals zwei Varianten zu unterscheiden: Beim „holländischen Verfahren" zahlen alle Banken, die im Rahmen des Geschäftes berücksichtigt werden, den marginalen Zinssatz, während beim „amerikanischen Verfahren" jede Bank den von ihr gebotenen Zins auch tatsächlich bezahlen muss. Bei Zinstendern können die Geschäftsbanken allerdings bis zu zehn verschiedene Gebote abgeben; bei jedem Gebot sind der gewünschte Betrag und der gebotene Zinssatz anzugeben.

Die Zentralbank schreibt beim Zinstender den jeweils gültigen Leitzins als Mindestbietungszinssatz fest. Gebote, die unter diesem Leitzins liegen, sind damit von vornherein aussichtslos. Um unverhältnismäßig hohe Gebote zu unterbinden, kann die EZB auch einen Höchstbietungssatz vorgeben.

Das Tenderverfahren gibt ein bis in die kleinsten Einzelschritte exakt vorgegebenes Prozedere vor. Einen Eindruck hiervon vermittelt die folgende Abbildung.

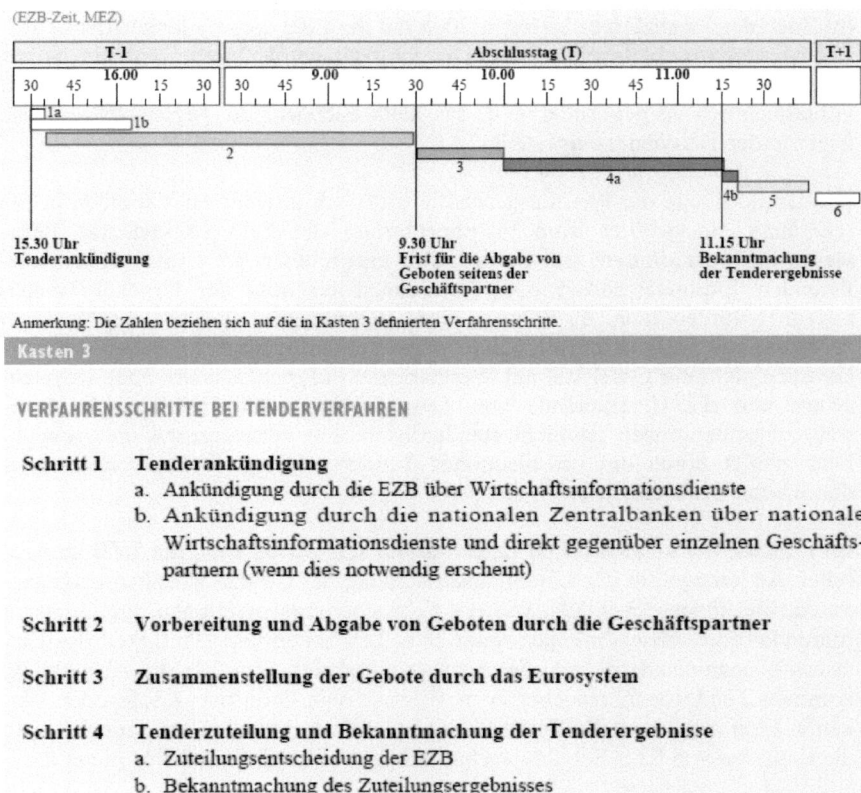

Abb. 5.2: Standard-Tenderverfahren

Neben dem Hauptrefinanzierungsgeschäft, das nach dem Willen der EZB die Hauptquelle für die Refinanzierungsquelle der Geschäftsbanken darstellen soll, existieren auch Wertpapierpensionsgeschäfte mit längeren Laufzeiten. Von Anfang an hat die EZB das **längerfristige Refinanzierungsgeschäft** mit einer Laufzeit von drei Monaten praktiziert. Es dient, wie der Name besagt, der längerfristigen Liquiditätsversorgung der Geschäftsbanken. Der Rhythmus dieses Geschäftes ist monatlich, das angewandte Ausschreibungsverfahren ist ebenfalls ein standardisierter Tender.

Im Zuge der Finanzkrise ab Herbst 2008 hat die EZB weitere längerfristige Refinanzierungsgeschäfte eingeführt. Die Laufzeit wurde hierbei auf ein halbes Jahr und später auf ein ganzes Jahr ausgedehnt. Diese Varianten werden jedoch voraussichtlich zu gegebener Zeit, das heißt nachdem die gegenwärtige Krise überwunden ist, wieder eingestellt.

Das Grundprinzip der Pensionsgeschäfte tritt noch in weiteren Varianten in Erscheinung. So gehören zum Instrumentarium der EZB so genannte **Feinsteuerungsoperationen**, mit deren Hilfe einem unerwartet und schnell auftretenden Liquiditätsbedarf oder Liquiditätsüberschuss der Geschäftsbanken begegnet werden kann. Im Rahmen dieses Instrumentes sind sowohl Pensionsgeschäfte als auch definitive Käufe oder Verkäufe möglich. Darüber hinaus kommen nicht nur Geschäfte mit Wertpapieren in Frage, sondern auch Devisenswaps und die Hereinnahme von Termineinlagen. Die Laufzeit der Feinsteuerungsoperationen ist nicht standardisiert, die verfahrensmäßige Abwicklung erfolgt durch ein beschleunigtes Tenderverfahren (Schnelltender) oder durch bilaterale Geschäfte.

Im Rahmen der **strukturellen Operationen** schließlich kann die EZB strukturellen Änderungen in der Liquiditätsausstattung der Geschäftsbanken entgegentreten. Sie können ebenfalls, wie die Feinsteuerungsoperationen, liquiditätszuführender oder -abschöpfender Natur sein. Laufzeiten und Häufigkeit des Einsatzes können standardisiert oder nicht standardisiert sein. Für die Abwicklung kommen Tenderverfahren ebenso in Betracht wie definitive Käufe oder Verkäufe. Eine instrumentelle Besonderheit bei den strukturellen Operationen stellt die Emission von EZB-Schuldverschreibungen zur Liquiditätsabschöpfung dar.

Die zweite Instrumentengruppe neben den Offenmarktgeschäften sind die **Ständigen Fazilitäten**. Der Begriff könnte übersetzt werden als dauerhaft vorgehaltene Einrichtungen. Die ständigen Fazilitäten gibt es in zwei Ausprägungen. Die **Spitzenrefinanzierungsfazilität** erlaubt es den Geschäftsbanken, einen kurzfristig auftretenden Refinanzierungsbedarf schnell und unbürokratisch mittels Kreditaufnahme über Nacht bei der Zentralbank (gegen Sicherheiten) zu decken. Der Zins für die Inanspruchnahme liegt in aller Regel zwischen einem und 1,5 Prozentpunkten über dem Zins für das Hauptrefinanzierungsgeschäft. Damit wird verdeutlicht, dass dieses Instrument nicht die Regel, sondern eher eine Ausnahmemöglichkeit für die Refinanzierung darstellt. Die Inanspruchnahme geschieht auf Initiative der Geschäftsbank und ist zurzeit wegen der Finanzkrise noch unbegrenzt. Dies dürfte allerdings in absehbarer Zeit korrigiert werden.

Die **Einlagefazilität** hingegen gestattet es den Geschäftsbanken, überschüssige Liquidität kurzfristig, d. h. ebenfalls über Nacht, bei der Zentralbank zu „parken". Die Verzinsung dieses Guthabens ist allerdings sehr niedrig und liegt in der Regel einen Prozentpunkt unter dem Zins für das Hauptrefinanzierungsgeschäft. Zurzeit ist dieser Leitzins allerdings bei exakt einem Prozent, so dass die Einlagefazilität eigentlich unverzinslich wäre. Da dann jedoch keinerlei Anreiz zur Inanspruchnahme bestünde, hat die EZB den Zins für die Einlagefazilität bei 0,25 % belassen.

Mit den beiden Ständigen Fazilitäten gelingt es der EZB, einen Korridor für den Zins für Tagesgeld am Interbanken-Geldmarkt zu schaffen. Dieser wird nicht über Spitzenrefinanzierungssatz steigen, da keine Bank bereit sein wird, am Geldmarkt einen höheren Zins zu zahlen. Ebenso wird der Geldmarktzins nicht unter den Satz für die Einlagefazilität sinken, da es keine Bank geben wird, die Liquidität zu einem niedrigeren Zinssatz am Geldmarkt verleiht.

Die folgende Abbildung zeigt die Entwicklung der Leitzinsen sowie des Tagesgeldsatzes seit Juli 2008.

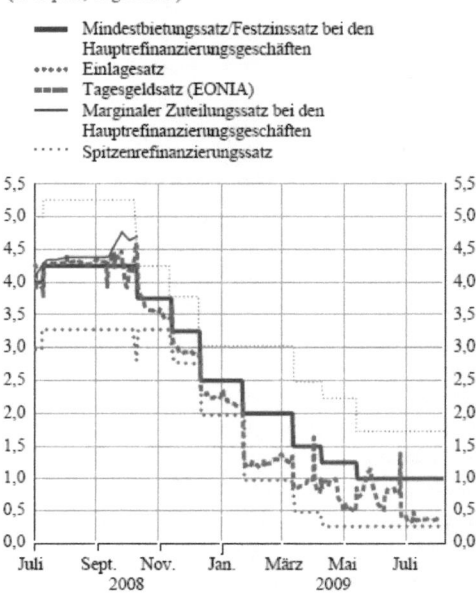

Quelle: EZB, Monatsbericht 8/2009), S. 36

Abb. 5.3: EZB-Zinssätze und Tagesgeldsatz

Schließlich wird die dritte Kategorie geldpolitischer Instrumente durch die **Mindestreservepolitik** repräsentiert. Wie bereits erläutert, sind die Banken verpflichtet, einen gewissen Teil ihrer Einlagen als so genannte Mindestreserve bei der Europäischen Zentralbank zu halten, also auf ihrem Konto bei der EZB zu belassen. Die Mindestreserve bemisst sich als Prozentsatz auf alle reservepflichtigen Einlagen und liegt im Schnitt bei 2 %. Die Höhe der von einem konkreten Geldinstitut zu haltenden Mindestreserve bemisst sich nach seiner Mindestreservebasis. Das Instrument ist recht flexibel gestaltet, so genügt beispielsweise eine Durchschnittserfüllung der Reservepflicht: Hierzu werden die durchschnittlichen Kalendertageendguthaben einer Bank auf ihrem Mindestreservekonto bei der Zentralbank innerhalb einer Mindestreserve-Erfüllungsperiode zugrunde gelegt.

Die Mindestreservepolitik wird aktuell von der EZB nicht als aktiv einzusetzendes Instrument betrachtet und taucht deshalb in der folgenden Übersicht der geldpolitischen Instrumente nicht auf. Gleichwohl muss sie im systematischen Sinne zu den geldpolitischen Instrumenten gerechnet werden.

Geldpolitische Geschäfte	Transaktionsart		Laufzeit	Rhythmus	Verfahren
	Liquiditätsbereitstellung	Liquiditätsabschöpfung			
Offenmarktgeschäfte					
Hauptrefinanzierungsgeschäfte	Befristete Transaktionen	-	Eine Woche	Wöchentlich	Standardtender
Längerfristige Refinanzierungsgeschäfte	Befristete Transaktionen	-	Drei Monate	Monatlich	Standardtender
Feinsteuerungsoperationen	Befristete Transaktionen Devisenswaps	Befristete Transaktionen Hereinnahme von Termineinlagen Devisenswaps	Nicht standardisiert	Unregelmäßig	Schnelltender Bilaterale Geschäfte
Strukturelle Operationen	Befristete Transaktionen	Emission von Schuldverschreibungen	Standardisiert/ nicht standardisiert	Regelmäßig und unregelmäßig	Standardtender
	Endgültige Käufe	Endgültige Verkäufe	-	Unregelmäßig	Bilaterale Geschäfte
Ständige Fazilitäten					
Spitzenrefinanzierungsfazilität	Befristete Transaktionen	-	Über Nacht	Inanspruchnahme auf Initiative der Geschäftspartner	
Einlagefazilität	-	Einlagenannahme	Über Nacht	Inanspruchnahme auf Initiative der Geschäftspartner	

Quelle: EZB, Durchführung der Geldpolitik im Euro-Währungsgebiet, 2008, S. 10

Abb. 5.4: Geldpolitische Operationen des Eurosystems

c. Die Wirkungsmechanismen der Geldpolitik

Geldpolitik besteht in der Steuerung monetärer Größen durch die Zentralbank mit dem Ziel, den wirtschaftlichen Ablauf mit Blick auf die Erreichung vorgegebener Ziele zu beeinflussen. Charakteristisch für die Geldpolitik ist ihre indirekte Wirkungsweise: Die eigentlichen Zielgrößen wie etwa das Preisniveau oder die Beschäftigungssituation einer Volkswirtschaft entziehen sich einem direkten Zugriff durch die Zentralbank. Dies wird sofort klar, wenn man an die Preisstabilität denkt, denn eine direkte Beeinflussbarkeit seitens der Zentralbank würde voraussetzen, dass diese in die Preisgestaltung der Unternehmen eingreifen kann. Dies ist weder gegeben noch gewollt. Folglich ist die Geldpolitik darauf angewiesen, durch geeignete Steuerung sogenannter monetärer Zwischenziele die eigentlichen Ziele der Geldpolitik indirekt zu beeinflussen:

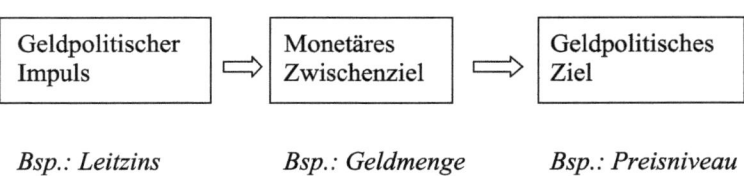

Abb. 5.5: Indirekte Wirkung der Geldpolitik

Mit der indirekten Wirkungsweise der Geldpolitik sind Probleme verbunden. Als erstes ist zu fragen, wie zuverlässig steuerbar die in Frage kommenden monetären Zwischenziele eigentlich sind. Bei der Geldmenge zumindest sind Zweifel angebracht, denn wie wir gesehen haben, ist zwar die Zentralbankgeldschöpfung dem Zugriff der EZB unterstellt. Die multiple Giralgeldschöpfung seitens des Geschäftsbankensystems allerdings ist aufgrund der Komplexität dieses Prozesses weniger sicher kontrollierbar. Aber auch andere mögliche monetäre Zwischenziele – zu denken wäre hier vor allem an das Zinsniveau – sind nicht hundertprozentig steuerbar. Das Zinsniveau bildet sich grundsätzlich an den Geld- und Kapitalmärkten entsprechend den Konstellationen zwischen Angebot und Nachfrage heraus.

Ein zweites grundsätzliches Problem ist mit der Frage verbunden, wie eng und zuverlässig der Zusammenhang zwischen dem monetären Zwischenziel und der eigentlichen Zielgröße der Geldpolitik ist. Hier kann die Geldtheorie oder auch die allgemeine volkswirtschaftliche Theorie auf makro- und mikroökonomischer Ebene natürlich grundsätzliche Hinweise liefern. So denkt man etwa beim Zusammenhang zwischen der monetären Größe „Geldmenge" und der Zielgröße „Preisniveau" an die bekannte Quantitätstheorie. Doch kann man sich darauf verlassen, dass die zugrunde liegenden Wirkungszusammenhänge stets und überall uneingeschränkt wirken? Für gewöhnlich gesteht man der Quantitätstheorie eine eher langfristige Wirksamkeit zu, die kurz – bis mittelfristig durchaus von anderen wirksamen Faktoren überlagert werden kann. Gleichwohl wird natürlich die Geldpolitik nie einen solch grundlegenden Zusammenhang aus den Augen verlieren.

i. Keynesianisch-kredittheoretische Mechanismen

Die erste Gruppe von Wirkungsmechanismen wird als **Keynesianischkredittheoretisch** bezeichnet. Man fasst darunter jene Mechanismen zusammen, bei denen die Kreditgewährung der Banken an die Nichtbanken die entscheidende Rolle spielt und dem Kreditzins die Aufgabe der zentralen Übertragungsvariablen der geldpolitischen Impulse zukommt. Obwohl man zwischen einem kredittheoretischen und einem Keynesianischen Mechanismus differenzieren kann, werden beide aufgrund ihrer großen Ähnlichkeit auch häufig zusammengefasst; dieser Praxis soll hier gefolgt werden.

Im Mittelpunkt der Übertragung geldpolitischer Impulse steht der Zins. Durch den Einsatz der geldpolitischen Instrumente beeinflusst die Zentralbank allerdings zunächst die Geldversorgung der Banken mit Zentralbankgeld und damit deren Kreditkosten bzw. -verfügbarkeit. Diese reagieren entsprechend mit einer Anpassung ihres Kreditangebots. Um eine Änderung des Kreditangebots am Markt durchsetzen zu können, ist eine entsprechende Anpassung des Zinsniveaus erforderlich: Ein höheres Kreditangebot erfordert ein niedrigeres Zinsniveau, ein verringertes Kreditangebot geht einher mit einem höheren Zinsniveau. Bis zu diesem Punkt beschränkt sich die Transmission auf den Bereich der Geschäftsbanken. Mit der zu erwartenden Reaktion der Kreditnehmer springt die Wirkung auf den Nichtbankensektor über. Steigende Zinsen werden die Kreditnachfrage tendenziell sinken lassen, während ein Rückgang des Zinsniveaus im Normalfall die Kreditnachfrage steigen lässt.

Mit der Kreditnachfrage reagieren selbstverständlich auch die kreditfinanzierten Ausgaben, vor allem in Form der Investitionen der Unternehmen, aber auch der langlebigen Konsumausgaben der Haushalte. Somit ist der Transmissionsimpuls nun bei der gesamtwirtschaftlichen Nachfrage angelangt. Schließlich sind die eigentlichen Ziele der Geldpolitik dann berührt, wenn die entsprechenden Größen – wie etwa das Preisniveau – auf die Veränderung der gesamtwirtschaftlichen Nachfrage reagieren.

Die Wirksamkeit dieses Transmissionsmechanismus ist jedoch von einigen Faktoren abhängig. So könnten beispielsweise die Investitionen nicht oder nicht im erhofften Umfang auf die Änderung des Zinsniveaus reagieren. In der

Rezession könnten die Zukunftsaussichten als derart schlecht eingeschätzt werden, dass die Unternehmen nicht bereit sind, auf eine Senkung der Zinsen mit einer Steigerung ihrer Investitionen zu reagieren. Eine solche Situation wird als **Investitionsfalle** bezeichnet und ist gleichbedeutend mit einem sehr steilen oder senkrechten Verlauf der IS-Kurve:

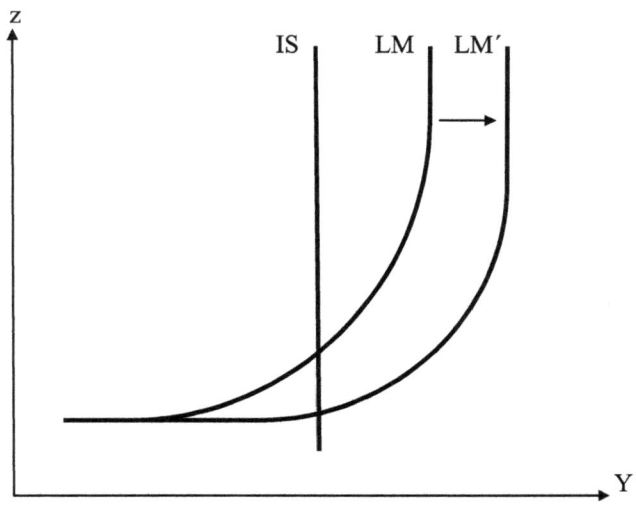

Abb. 5.6: Investitionsfalle

Die expansive Geldpolitik hat in diesem Fall zwar zu einer Rechtsverschiebung der LM-Kurve und zu einem niedrigeren Zinsniveau geführt; aufgrund der senkrechten IS-Kurve (die durch eine Zinsreagibilität der Investitionen von Null erklärt wird) nehmen die Investitionen allerdings nicht zu und das Gleichgewichtseinkommen verharrt auf seinem gegebenen Niveau.

Ein zweiter Fall der Unwirksamkeit der Geldpolitik ist gegeben, wenn IS-Kurve und LM-Kurve sich im waagerechten Teil der LM-Kurve schneiden. Dann liegt die Situation der Liquiditätsfalle vor. Eine expansive Geldpolitik kann in einem solchen Fall weder Zinssenkungen noch Einkommenssteigerungen herbeiführen (siehe folgende Abbildung). Hier ist die Neigung zur Spekulationskassenhaltung so hoch, dass jede zusätzliche Geldmenge in dieser Spekulationskasse aufgenommen wird und somit keine zusätzlichen Wirkungen auf das Zinsniveau ausüben kann. Die Wirksamkeit des Transmissionsmechanismus ist somit unterbrochen, die Geldpolitik alleine ist wirkungslos. In beiden Fällen – Investitionsfalle und Liquiditätsfalle – ist die Lösung nach Keynesianischer Überzeugung nur in einer expansiven Fiskalpolitik zu finden.

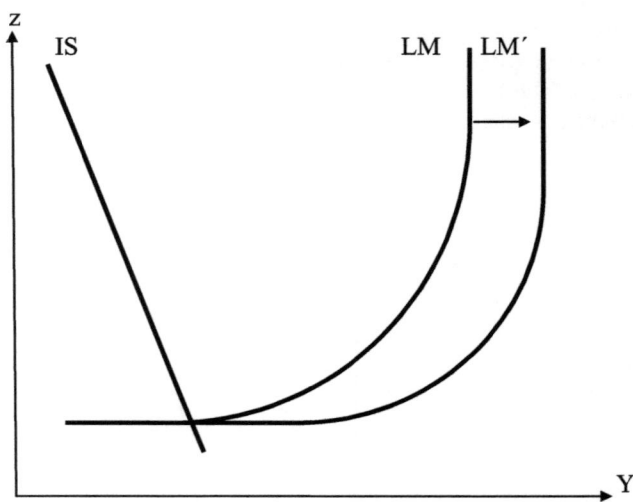

Abb. 5.7: Liquiditätsfalle

Die Situation der Liquiditätsfalle verdeutlicht, dass im Rahmen des Keynesianisch-kredittheoretischen Mechanismus die Geldnachfrage eine hervorgehobene Rolle spielt. Dies gilt nicht nur für die Geldnachfrage zu Spekulationszwecken, sondern auch für die Transaktionskassenhaltung. In der Betonung der Geldnachfrage und den Zusammenhängen zwischen Geldnachfrage, Zins, Investitionen und Einkommen ist das spezifisch Keynesianische Element dieses Mechanismus zu sehen.

Folgt man dem Keynesianisch-kredittheoretischen Mechanismus, so ergeben sich Konsequenzen für die Ausgestaltung der Geldpolitik. Zunächst wird der Zins als zentrale Transmissionsvariable im Mittelpunkt des geldpolitischen Interesses stehen. Die Zentralbank wird sich also veranlasst sehen, ihren geldpolitischen Entscheidungen eine Zinsorientierung zugrunde zu legen. Ferner ist es nahe liegend, die Steuerung des Zinsniveaus antizyklisch vorzunehmen, da es aus theoretischer und empirischer Perspektive einen engen Zusammenhang zwischen dem Konjunkturverlauf und der Entwicklung des Zinsniveaus gibt.

ii. Monetaristisch-vermögenstheoretische und Postkeynesianische Mechanismen

Monetaristisch-vermögenstheoretische und **Postkeynesianische** Mechanismen weisen der Geldmenge bzw. der Geldbasis die Rolle der zentralen Übertragungsvariablen zu. Der Übertragungsweg basiert hierbei auf den Reaktionen der Wirtschaftssubjekte zur Realisierung einer individuell optimierten Vermögensstruktur.

Geldhaltung wird im Rahmen dieser Mechanismen als Teil einer übergeordneten Entscheidung über die individuell optimierte **Vermögensstruktur** betrachtet (vgl. hierzu auch die Ausführungen zur Portfolio Selection (Abschnitt 4.c.ii) und zur Neoquantitätstheorie (Abschnitt 4.b.ii). Wirtschaftssubjekte versuchen aus monetaristisch-vermögenstheoretischer Sicht stets, ihr Gesamtvermögen (einschließlich ihrer Geldhaltung) so zu strukturieren, dass alle Vermögenstitel denselben Grenzertag bzw. Grenznutzen stiften. Dieser Gedanke basiert also auf der Übertragung des zweiten Gossenschen Gesetzes auf den Bereich der Vermögensentscheidungen.

Ein geldpolitischer Impuls führt nun zunächst zu einer Änderung der Geldmenge, wodurch die optimierte Vermögensstruktur der Wirtschaftssubjekte gestört wird, und zwar zuerst im Bankensektor. Die Banken reagieren darauf mit Anpassungsreaktionen, die letztlich in einer neuerlichen Umschichtung ihres gesamten Vermögensportfolios bestehen. Solche Umschichtungen werden sich primär auf reine Finanzaktiva, also Wertpapiere, beschränken. Durch diese Umschichtungen und die damit verbundenen Verschiebungen kommt es zu Änderungen in den Kursen und den Renditen der betroffenen Papiere.

Früher oder später werden auch Nichtbanken in diesen Umstrukturierungsprozess einbezogen werden. Damit hat der Transmissionsmechanismus auch hier den Bankensektor verlassen und ist auf den realen Bereich der Wirtschaft übergesprungen. Der Umschichtungsprozess innerhalb des Gesamtvermögens wird sich auch nicht ausschließlich auf Finanztitel beschränken. An der einen oder anderen Stelle der Übertragungskette werden auch Sachanlagen in die Optimierungsüberlegungen der Wirtschaftssubjekte einbezogen. Sachanlagen können sich auf bereits vorhandene Güter beziehen oder neu produzierte Güter einbeziehen. Im letzteren Fall hat sich auch hier der Transmissionsmechanismus bis zur gesamtwirtschaftlichen Nachfrage durchgearbeitet und kann damit auf die Ziele der Geldpolitik einwirken. Die gesamtwirtschaftliche Nachfrage kann aber auch schon an einer früheren Stelle des Mechanismus betroffen werden, nämlich aufgrund der Veränderung der Renditen festverzinslicher Wertpapiere im Rahmen des Umschichtungsprozesses. Diese veränderten Renditen bedeuten letztlich nichts anderes als eine Veränderung des Zinsniveaus am Kapitalmarkt. Dadurch können wieder die Kreditnachfrage und die zinsabhängigen Ausgaben ins Spiel kommen und der monetaristisch-vermögenstheoretische Mechanismus kann sich mit dem Keynesianisch-kredittheoretischen Transmissionsweg überkreuzen. Dieser Gedanke verdeutlicht letztlich, dass eine Zentralbank gut daran tut, sich nicht ausschließlich auf einen einzigen Transmissionsweg ihrer geldpolitischen Impulse zu fokussieren, sondern einen offenen und pragmatischen Blickwinkel einzunehmen.

Unterschiede zwischen dem monetaristisch-vermögenstheoretischen und dem Postkeynesianischen Mechanismus liegen vor allem in folgenden Punkten: Nach Postkeynesianischer Ansicht sind nicht allein die Renditen der einzelnen Anlageformen ausschlaggebend für die Entscheidungen der Wirtschaftssubjekte, sondern auch deren **Risiko**. Postkeynesianer versuchen daher, die Bedeutung des Risikos bei den Entscheidungen über die optimierte Vermögensstruktur zu erfassen und im Transmissionsmechanismus abzubilden. Ferner können die geldpolitischen Wirkungen nicht alleine von Änderungen der Geldmenge der der Geldbasis, sondern auch von Änderungen der Zinsen ausgehen. Hier zeigt sich der Zusammenhang mit Keynesianischem Gedankengut. Wichtiger als die Frage, welche monetäre Größe gesteuert werden sollte, ist daher die Frage, ob und wie ein Zins- bzw. Risikogefälle zwischen einzelnen Vermögenstiteln erreicht werden kann.

Bei der Frage, welche Folgerungen sich aus diesen Mechanismen (speziell aus dem monetaristisch-vermögenstheoretischen, auf den wir uns im Weiteren beschränken) abgeleitet werden sollen, ist es wichtig, sich die Grenzen dieser Mechanismen klar zu machen. Monetaristen betonen, dass es sehr schwer bis unmöglich ist, alle Details der Transmission zu durchschauen, geschweige denn sie vorherzusagen. Die Übertragung der Impulse kann auch schlicht irgendwo abbrechen oder zu unvorhersehbaren Wechselwirkungen mit anderen Faktoren führen. Es ist nicht genau nachvollziehbar, welches Wirtschaftssubjekt an welcher Stelle des Mechanismus welche Umschichtungshandlungen vornimmt. Die Geldpolitik sollte daher gar nicht erst versuchen, eine Geldpolitik zu betreiben, die eine exakte Kenntnis aller Übertragungswege voraussetzt, denn eine solch exakte Kenntnis ist nicht möglich. Sie fordern deshalb einen Verzicht auf eine antizyklische Steuerung des Zinsniveaus und schlagen stattdessen vor, die Geldpolitik auf ein verstetigtes, gleichmäßiges Wachstum der Geldmenge hin auszurichten. Dieses Wachstum der Geldmenge sollte sich grundsätzlich am Wachstum des Produktionspotenzials orientieren.

Die folgende Übersicht versucht, die wesentlichen Punkte der beiden besprochenen Transmissionsmechanismen bzw. Gruppen von Transmissionsmechanismen möglichst vereinfacht und übersichtlich zusammen zu fassen. Für eine detailliertere Darstellung wird auf die genannte Vertiefungsliteratur verwiesen.

Geldpolitischer Impuls der Zentralbank

wird übertragen durch ...

Wirkung im Bankensektor	Wirkung im Bankensektor
1) Änderung von Kreditkosten/-verfügbarkeit 2) Anpassung Kreditangebot 3) Anpassung Zinsniveau	1) Änderung der Geldmenge 2) Änderung/Anpassung der Vermögensstruktur (Fin.-aktiva)
Wirkung im Nichtbankensektor	**Wirkung im Nichtbankensektor**
4) Anpassung Kreditnachfrage 5) Anpassung kreditabhängige Ausgaben (insbes. Investitionen) und damit Gesamtnachfrage	3) Änderung/Anpassung der Vermögensstruktur (Fin.-/Sachaktiva, insbes. Invest.) 4) Auswirkungen auf Gesamtnachfrage

(Keynesianisch-kredittheor. Transmissionsmechanismus) *(Vermögenstheor.-monetaristischer und Postkeynesianischer Transmissionsmechanismus)*

... und wirkt so auf

Ziele der Geldpolitik (Preisniveau, Konjunktur etc.)

Folge der Geldpolitik:

Steuerung des Zinsniveaus (möglichst antizyklisch) **Steuerung der Geldmenge** (möglichst verstetigt)

Abb. 5.8: Transmissionsmechanismen der Geldpolitik

d. Die geldpolitische Strategie der Europäischen Zentralbank

Im Folgenden stehen Strategieüberlegungen für die Geldpolitik im Vordergrund. Dabei sollen zunächst die verfügbaren allgemeinen Grundkonzeptionen der grundsätzlich antizyklisch ausgerichteten Keynesianischen Strategie und der auf Verstetigung geldpolitischer Handlungen basierenden monetaristischen Strategie erläutert werden. Beide Grundkonzeptionen sind quasi als „Blaupausen" zu verstehen, die es einer Zentralbank erlauben, einen auf ihre speziellen Bedürfnisse und geldpolitischen Einsichten zugeschnittenen Strategieplan zu entwerfen. Im Anschluss an die Diskussion dieser Grundansätze erörtern wir zwei konkrete geldpolitische Strategien, nämlich die von der Europäischen Zentralbank praktizierte Zwei-Säulen Strategie und die von der Deutschen Bundesbank bis Ende 1998 ausgeführte Strategie der potenzialorientierten Geldmengensteuerung. Letzteres geschieht weniger aus historischem Interesse – obwohl auch dies für sich genommen schon Anlass genug wäre –, sondern weil die Bundesbank-Strategie gewissermaßen als Prototyp einer transparenten und klar ausformulierten geldpolitischen Strategie dienen kann. Darüber hinaus ist es selbstverständlich auch reizvoll, beide Strategie-Ansätze miteinander zu vergleichen.

i. *Strategische Grundkonzeptionen für die Geldpolitik*

Geldpolitik kann nicht im luftleeren, theoriefreien Raum agieren; Wirtschaftspolitik generell und Geldpolitik im Speziellen muss theoriegeleitet sein. Das bedeutet, dass die Geldpolitik einen strategischen Rahmen braucht, eine Art roten Faden, an dem sie sich orientieren kann und den sie bei der Herleitung, Ausrichtung und Begründung geldpolitischen Handelns heranziehen kann.

Zwei Grundstrategien stehen der Geldpolitik im Wesentlichen zur Verfügung, die Keynesianische und die monetaristische. Die Grundzüge beider Strategien sollen kurz erläutert werden.

Eine **Keynesianisch** ausgerichtete Geldpolitik geht von der prinzipiellen Instabilität des marktwirtschaftlichen Wirtschaftssystems aus. Märkte tendieren zwar durchaus zu einem Gleichgewicht, doch wird dies sehr häufig ein Gleichgewicht bei Unterbeschäftigung sein. Der Markt alleine ist somit nicht in der Lage, das Problem der Unterbeschäftigung zu lösen.

Daraus ziehen Keynesianisch ausgerichtete Geldpolitiker die Folgerung, dass der Staat eine starke und steuernde Rolle in der Wirtschaft spielen müsse. Er ist nicht nur in Ausnahmefällen berechtigt, sondern im Regelfall geradezu verpflichtet, die Defizite des marktwirtschaftlichen Systems durch aktive Interventionen in den Wirtschaftsprozess zu beheben. Bevorzugt wird im Allgemeinen eine global ausgerichtete, antizyklisch agierende Wirtschaftspolitik, die von einer damit harmonierenden Geldpolitik unterstützt wird. Der Geldpolitik kommt somit eine unterstützende Rolle für die allgemeine Wirtschaftspolitik zu. Geldpolitik hat zwar auf die Wahrung der Preisstabilität zu achten, jedoch ist dies keineswegs das einzige Ziel, dem sich eine Keynesianisch ausgerichtete Geldpolitik verpflichtet fühlt. Stehen das Ziel der Preisstabilität und das Ziel eines hohen Beschäftigungsstandes miteinander im Konflikt, so werden Keynesianer tendenziell dazu neigen, dem Beschäftigungsziel einen höheren Stellenwert beizumessen. In Rezessionsphasen betreiben Keynesianer dementsprechend eine Politik des „lockeren Geldes", sie nehmen eine kräftige Erhöhung der Geldmenge, Zinssenkungen und eine Ausweitung der Liquiditätsversorgung von Banken und Wirtschaft nicht nur in Kauf, sondern fördern diese aktiv. Inflationsbefürchtungen treten dabei in den Hintergrund. In Phasen der Hochkonjunktur hingegen werden Zinsen erhöht und die Geldmenge verknappt, um die in Hochkonjunkturphasen regelmäßig auftretende Inflation zu dämpfen.

Die **monetaristisch** ausgerichtete Grundstrategie der Geldpolitik setzt naturgemäß andere Schwerpunkte. Zunächst wird von einer prinzipiellen Stabilität des marktwirtschaftlich-kapitalistischen Wirtschaftssystems ausgegangen. Probleme, die auch im Rahmen dieses Konzepts nicht geleugnet werden, sieht man allerdings weniger durch den Markt als vielmehr durch den Staat verursacht. Der Staat ist es, der durch permanente Eingriffe in den marktwirtschaftlichen Prozessablauf Störungen sowie unvorhersehbare und oft unerwünschte Folgewirkungen verursacht. Dieser Grundposition folgend wird dem Staat empfohlen, sich auf die Setzung von investitionsfreundlichen Rahmenbedingungen, die Sicherung des Wettbewerbs auf allen Güter- und Faktormärkten sowie die Bereitstellung öffentlicher Güter zu konzentrieren. Aus dem weiteren Wirtschaftsprozess sollte er sich allerdings weitestgehend heraushalten. Insbesondere wird ein Verzicht auf antizyklische Politik empfohlen, da diese aufgrund diverser Wirkungsverzögerungen im ungünstigsten Fall mehr schaden als nützen könne.

Der Geldpolitik wird die alleinige Verantwortung für die Sicherung der Preisstabilität zugewiesen. Sie muss frei von politischem Druck sein und soll sich an keinen anderen Zielen wie etwa Beschäftigungssicherung orientieren, denn dies würde die latente Gefahr bergen, dass die Preisstabilität letztlich Schaden nehme könnte. Monetaristen betonen stets die Bedeutung einer autonomen, also unabhängigen Zentralbank. Um das Ziel der Preisstabilität zu erreichen, empfehlen sie eine Verstetigung des Wachstums der Geldmenge. Diese Verstetigung ließe sich am besten erreichen, wenn die Zentralbank einen jährlichen gleichen Wert für das M3-Wachstum vorgebe und anschließend auch durchsetze. Der Wert für das Wachstum der Geldmenge solle sich dabei am für die nähere Zukunft erwarteten Wachstum des Produktionspotenzials festmachen. Gelegentlich wurde von Monetaristen sogar gefordert, eine verfassungsmäßig verankerte Verpflichtung der Zentralbank zu derartig verstetigtem Handeln einzuführen. Damit solle Abweichungen der Zentralbanker vom ihrer Ansicht nach einzig richtigen geldpolitischen Weg vorgebeugt werden. Von einer solch konsequenten Verstetigung der Geldpolitik versprechen sich Monetaristen letztlich eine Verstetigung des gesamten Wirtschaftsprozesses.

Als zusätzliches Argument, das gegen eine antizyklisch ausgerichtete Strategie spricht, verweisen Monetaristen auf die Wirkungsverzögerungen der Geldpolitik: Diese so genannten **Time Lags** resultieren aus dem Zeitbedarf, der zwischen dem ersten Einsatz und der vollen Wirksamkeit eines geldpolitischen Instruments besteht.

Sie setzen sich aus einzelnen Teilverzögerungen zusammen, die sich aus der verzögerten Bereitstellung von Daten durch das statistische Informationssystem (recognition lag), durch den Zeitbedarf innerhalb der Zentralbank für Entscheidungen (decision lag) und deren Durchführung (action lag), den Zeitbedarf für die Reaktion der monetären Zwischenziele (intermediate lag), durch die Wirkungsverzögerung im realwirtschaftlichen Bereich (outside lag) und schließlich durch die Zeit, die für die Reaktion der eigentlichen Zielvariable benötigt wird (target lag) zusammensetzt. Der gesamt Time Lag kann so groß ausfallen, dass eine antizyklisch ausgerichtete Geldpolitik der Gefahr unterliegt, zum falschen Zeitpunkt zu wirken und somit Konjunkturschwankungen sogar noch zu verstärkten, anstatt sie zu glätten:

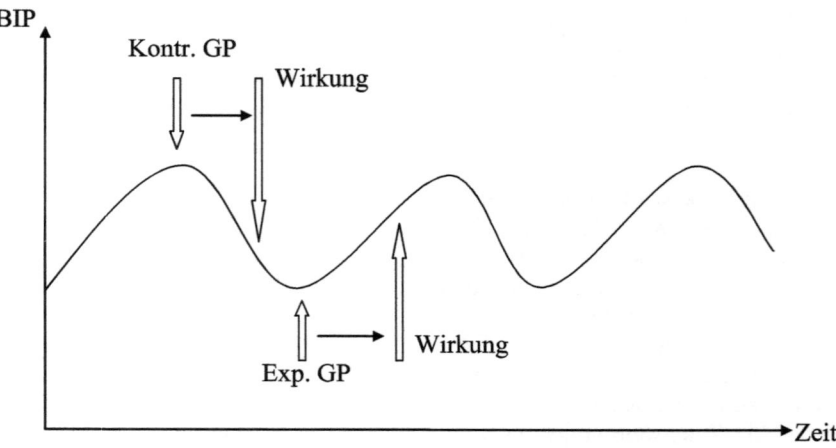

Abb. 5.9: Time Lags der Geldpolitik und Konjunkturverlauf

ii. Die Zwei-Säulen-Strategie

Die Europäische Zentralbank bezeichnet ihre seit der Einführung des Euro am 1. Januar 1999 praktizierte Geldpolitik als **Zwei-Säulen-Strategie**. Damit bringt sie zunächst zum Ausdruck, dass sie ihre geldpolitischen Beschlüsse auf zwei Analysebereiche stützt, die wirtschaftliche Analyse (erste Säule) und die monetäre Analyse (zweite Säule). Im Rahmen dieser Strategie werden alle relevanten Informationen in eine umfassende Bewertung der Risiken für die Preisniveaustabilität einbezogen. Ferner wird ein Referenzwert für das Wachstum der Geldmenge M3 festgelegt, der mit der mittel- bis langfristigen Wahrung der Preisstabilität vereinbar ist.

Die **wirtschaftliche Analyse** als erste Säule der geldpolitischen Strategie der EZB untersucht alle kurz- bis mittelfristigen Risiken für die Preisstabilität, die von den wirtschaftlichen und finanziellen Entwicklungen in der Volkswirtschaft ausgehen. Hierbei ist letztlich das Zusammenspiel der Angebots- und Nachfrageentscheidungen auf den Güter-, Dienstleistungs- und Faktormärkten entscheidend. Es gilt, konjunkturelle Schocks zu analysieren und ihre Auswirkungen auf die Kostenentwicklung und die Preisgestaltung der Unternehmen abzuschätzen. Die wirtschaftliche Säule ließe sich somit als realwirtschaftliche Fundamentalanalyse bezeichnen. Ihre Aufgabe liegt in der Bereitstellung von Informationen über das akute Inflationsrisiko, das vom realwirtschaftlichen Hintergrund auf die Stabilität des Geldwertes ausstrahlt.

Die Europäische Zentralbank konkretisiert das Ziel der Preisstabilität als Steigerungsrate des Harmonisierten Verbraucherpreisindex (HVPI) von unter aber nahe zwei Prozent. Damit bringt sie einerseits zum Ausdruck, dass Inflationsraten von über zwei Prozent nicht tolerabel sind. Die Gründe hierfür wurden bereits im zweiten Kapitel angesprochen: Inflation behindert die Allokationsfunktion des Preismechanismus und hat unerwünschte Verteilungswirkungen, die die schwächsten Mitglieder der Gesellschaft benachteiligen.

Die Gründe für das Anstreben einer leicht positiven Inflationsrate liegen zum einen in der ebenfalls bereits angesprochenen systematisch bedingten Gefahr, dass die statistisch gemessene Inflationsrate aufgrund von Qualitätsverbesserungen der Produkte eher zu hoch ausfällt. Eine Inflationsrate nahe Null Prozent birgt also bereits die Gefahr einer Deflation in sich. Darüber hinaus argumentiert die EZB, dass ein weiterer Grund für das Anstreben einer positiven Inflationsrate in der faktischen Untergrenze der nominalen Zinssätze von Null Prozent besteht. Würde die Wirtschaft in eine Deflation verfallen und die Zinssätze bereits bei Null Prozent liegen, dann wäre es der Zentralbank nicht mehr möglich, die Zinssätze weiter zu senken und die Wirtschaft wieder anzukurbeln. Somit empfiehlt es sich – quasi als Sicherheitsmarge – stets eine leicht positive

Inflationsrate anzustreben. Schließlich kommt noch ein weiteres Argument hinzu. Nominale Rigiditäten nach unten verhindern in aller Regel, dass Unternehmen sich an realwirtschaftliche Schocks durch Senkung insbesondere ihrer Lohnkosten anpassen können. Ein Anstieg der Inflationsrate bietet in solchen Fällen die Möglichkeit, Reallohnsenkungen dadurch herbei zu führen, dass die Nominallöhne zwar nicht sinken, ihre Steigerungsrate aber doch zumindest unter dem Anstieg der Inflationsrate bleibt. Die EZB versäumt jedoch nicht zu betonen, dass Strukturreformen für eine größere Flexibilität der Güter- Arbeitsmärkte zu sorgen hätten. Anders formuliert: Geldpolitische Tolerierung von Inflation kann nicht das allein gültige Mittel sein, um die negativen Beschäftigungswirkungen einer mangelnden Flexibilität auf dem Arbeitsmarkt abzufedern.

Ergänzt wird die wirtschaftliche Analyse durch die mittel- bis langfristig ausgerichtete **monetäre Analyse**. Sie verfolgt das Ziel, die im Rahmen der wirtschaftlichen Analyse ermittelten kurz- bis mittelfristigen Risiken für die Preisstabilität durch eine mittel- bis langfristig orientierte Sicht auf die geldmengenseitigen und monetären Faktoren zu flankieren bzw. zu überprüfen. Inflation ist letzten Endes immer ein monetäres Phänomen. Der Anstieg der Geldmenge stellt gleichsam die Bühne zur Verfügung, auf der sich die Akteure, die für inflationäre Prozesse verantwortlich zeichnen, bewegen können. Je größer diese Bühne ist, umso größer fällt der Bewegungsspielraum der beteiligten Akteure (letztlich: alle Wirtschaftssubjekte) aus. Das bedeutet, dass ein Anstieg der Geldmenge zwar nicht zwingend zu einem Anstieg der Inflation führen muss, aber doch die Möglichkeiten dafür erhöht. Und umgekehrt kann ein inflationärer Prozess, der seine Ursache auf der realwirtschaftlichen Seite hat, sich letztlich nur dann vollständig ausbreiten, wenn der monetäre Spielraum für einen dauerhaften und empfindlichen Anstieg der Inflationsrate zur Verfügung steht, die monetäre Bühne also groß genug ist.

Dieser Kerngedanke findet seine geldpolitische Ausprägung in einem von der EZB vorgegebenen Referenzwert für das Wachstum der Geldmenge M3, der bei aktuell 4,5% liegt. Zu Beginn ihrer geldpolitischen Verantwortung überprüfte die EZB ihren Referenzwert jährlich, mittlerweile wird auf diese regelmäßige Überprüfung jedoch verzichtet. Der Referenzwert selbst wird aus quantitätstheoretischen Überlegungen hergeleitet und bestimmt sich aus dem (geschätzten) Wachstum des Produktionspotenzials in der Euro-Zone, der angestrebten Inflationsrate und der trendmäßigen Veränderung der Umlaufgeschwindigkeit:

$$\Delta M3 = \Delta Y^{Pot} + \Delta P - \Delta v$$

Geht man von einem jährlichen Wachstum des Produktionspotenzials in Höhe von 2%, einer Inflationsrate von knapp unter 2% sowie von einer trendmäßigen Verringerung der Umlaufgeschwindigkeit von einem halben Prozentpunkt aus (wie sie für die Vergangenheit zu beobachten war), so ergibt sich daraus der Referenzwert für das M3-Wachstum in Höhe von 4,5%.

iii. Vergleich mit der Strategie der Bundesbank

Im Folgenden soll die Strategie der Europäischen Zentralbank mit der von der Deutschen Bundesbank bis Ende 1998 verfolgten geldpolitischen Ausrichtung verglichen werden.

Die Bundesbank hat 1974/75 einen geldpolitischen Strategiewechsel vollzogen. Während sie sich bis zu diesem Zeitpunkt an der Keynesianischen Strategie orientierte, ging sie mit dem Jahreswechsel auf die Verkündung von jährlichen Zielvorgaben für das Wachstum der Geldmenge M3 über und bezeichnete diese neue Strategie als **potenzialorientierte Geldmengenpolitik**. Die Grundausrichtung dieser Politik war durchaus als monetaristisch zu charakterisieren, auch wenn die Bundesbank eine in gewissem Sinne eigenwillige und pragmatische Interpretation der monetaristischen Grundausrichtung vornahm.

Die Bestimmungsgleichung für die Herleitung ihrer geldmengenpolitischen Zielvorgaben lautete:

$$w(M3) = \underbrace{w(Y^{Pot}) - w(v)}_{\text{Monetaristische Elemente}} + \underbrace{w(p)}_{\text{Keynesianische Elemente}} +/- 1{,}0$$

Die Zielgröße für das Wachstum der Geldmenge M3 ergab sich aus dem für das kommende Jahr zugrunde gelegten Wachstum des Produktionspotenzials abzüglich der trendmäßigen Veränderung der Umlaufrate und zuzüglich einer so genannten unvermeidbaren Inflationsrate. Diese veranschlagte die Bundesbank bei 2%. Der letzte Term steht für einen antizyklischen Spielraum von Höhe von einem Prozent über und einem Prozent unter dem Wert des Geldmengenwachstums, der aus den ersten drei Faktoren resultiert. Dadurch ergab sich ein Zielkorridor für das M3-Wachstum von in der Regel zwei Prozentpunkten.

Die ersten beiden Terme rechts vom Gleichheitszeichen sind monetaristisch „legitimiert". Nach monetaristischen Vorstellungen soll sich das Geldmengenwachstum am Wachstum des Produktionspotenzials ausrichten. Die Berücksichtigung der trendmäßigen Veränderung der Umlaufgeschwindigkeit beruht auf dem Gedanken, dass eine Erhöhung der Umlaufgeschwindigkeit einen Verzicht auf etwas Geldmengenwachstum in genau diesem Umfang ermöglicht, da die umlaufende Geldmenge ja intensiver für Transaktionen genutzt wird. Geht die Umlaufgeschwindigkeit jedoch trendmäßig zurück, muss dieser Rückgang durch ein etwas höheres Geldmengenwachstum ausgeglichen werden, um wirtschaftliche Wachstumsmöglichkeiten von der Geldmengenseite her nicht zu erschweren.

Die Vorstellung einer unvermeidlichen Inflationsrate ist jedoch eindeutig nicht monetaristischer Natur, sondern kann mehr einem Keynesianischen Verständnis zugeordnet werden. Monetaristen haben stets abgestritten, dass es so etwas wie eine unvermeidbare Inflationsrate gäbe; sie haben im Gegenteil die Preisstabilität an die erste Stelle ihrer wirtschaftspolitischen Prioritätenliste gesetzt. Und schließlich ist der antizyklische Spielraum, der auch als „Keynesianische Vorbehaltsklausel" bezeichnet wurde, sicher alles andere als monetaristisch. Hier hat die Bundesbank sich ausdrücklich die Freiheit vorbehalten, von ihren Geldmengenzielen im Falle unvorhergesehener konjunktureller Schocks abzuweichen – und dies natürlich im Sinne einer aktiven Gegensteuerung.

Ein besonderer Vorzug der Bundesbank-Strategie lag sicher in ihrer Transparenz. So hat die Bundesbank im Falle, dass sie ihr selbst gestecktes Ziel für das Geldmengenwachstum verfehlte, stets erklärt, welche Faktoren hierfür verantwortlich waren und wie sie geldpolitisch darauf reagierte. Vergleicht man nun die aktuelle EZB-Strategie mit der Strategie der Bundesbank, so fallen sicher folgende Punkte auf:

- Es gibt große Ähnlichkeiten in der Herleitung des Wachstums der Geldmenge M3. Beide Vorgehensweisen beruhen auf der Quantitätstheorie und sind somit monetaristisch fundiert.

- Die Bundesbank erweiterte ihr Geldmengenziel jedoch zu einem Zielkorridor durch die Einführung eines expliziten antizyklischen Spielraumes.

- Die EZB berechnet keinen Korridor für das M3-Wachstum, sondern einen Punktwert. Sie bezeichnet diesen Wert allerdings nicht als Zielgröße für das Geldmengenwachstum, sondern als Referenzwert. Man mag dies für unbedeutende sprachliche Nuancen halten, könnte jedoch auch eine etwas größere Unverbindlichkeit des Geldmengenwachstums darin erblicken.

- Die Bundesbank sprach von einer unvermeidlichen Inflationsrate, die EZB hingegen strebt ausdrücklich eine Inflationsrate von nahe zwei Prozent an. Letzteres geschieht nicht mit der Rechtfertigung der Unvermeid-

barkeit, sondern mit den genannten Argumenten für eine wünschenswerte moderate Inflation.
- Die EZB nennt keinen antizyklischen Spielraum. Allerdings ergibt sich dieser wohl implizit aus dem Streben nach einer Vermeidung von Inflationsraten sowohl über zwei Prozent (ggf. durch restriktive Geldpolitik) als auch von spürbar unter zwei Prozent (ggf. durch expansive Geldpolitik).

Damit sind wir am Ende der geldpolitischen Ausführungen angelangt. Es ist klar, dass nicht alle Aspekte dieser umfassenden Thematik behandelt werden konnten, doch sollte es möglich sein, sich mit den vermittelten Grundlagen selbstständig tiefer in die Thematik einzuarbeiten.

In den folgenden Kapiteln liegt der Fokus hingegen auf den internationalen Verflechtungen der Volkswirtschaft, der Globalisierung und den aus ihr sich ergebenden gegenseitigen Abhängigkeiten.

Teil III: Internationale Wirtschaftsbeziehungen und Politische Ökonomie der Globalisierung

6. Internationale Verflechtung der Volkswirtschaft

a. Komparative Kostenvorteile als Motor der Internationalisierung

Wenn man über die internationale Verflechtung der Volkswirtschaften nachdenkt, so sollte man zu Beginn eine einfache, scheinbar sogar naive Frage stellen: Warum gibt es diese Verflechtung überhaupt? Anders gefragt: Warum ist es nicht so, dass alle Volkswirtschaften ausschließlich für den Eigenbedarf produzieren und nur das konsumieren, was sie selbst auch herstellen? Die Frage ist nur scheinbar naiv, denn es liegt auf der Hand, dass internationaler Handel und zunehmende Verflechtung der Volkswirtschaften auch mit Risiken und Nachteilen verbunden ist. So kann eine Volkswirtschaft beispielsweise in eine zunehmende Abhängigkeit vom Außenhandel geraten. In Deutschland etwa hängt grob geschätzt jeder dritte Arbeitsplatz in der Industrie direkt oder indirekt vom Export ab.

In ökonomischer Sichtweise wird man zur Erklärung des Phänomens des Außenhandels nach Vorteilen suchen, die damit verbunden sind. Diese Vorteile müssen so groß sein, dass sie die Nachteile und Risiken überwiegen, denn andernfalls wäre es nicht zu einem derartigen Ausmaß an internationalem Handel und globaler wirtschaftlicher Verflechtung gekommen.

Einige der Vorteile internationalen Handels liegen offenkundig auf der Hand. So stellt die **Nichtverfügbarkeit** von Gütern unzweifelhaft ein wesentliches Motiv für den Import dar. Ein rohstoffarmes Land wie Deutschland ist essenziell darauf angewiesen, sich die benötigten Rohstoffe für die industrielle Produktion an den Weltmärkten beschaffen zu können. Aber auch Konsumgüter, die hierzulande entweder gar nicht zur Verfügung stehen (wie etwa Bananen, Kaffee usw.) oder aufgrund von **Produktdifferenzierungen** im Ausland von manchen Konsumenten bevorzugt werden – denken wir etwa an Modeartikel – müssen importiert werden, wenn sie hierzulande für den Konsum zur Verfügung stehen sollen. Auf der Exportseite sind wesentliche Motive zum einen in der **Beschäftigungssicherung** zu sehen. Branchen wie der Maschinenbau oder die Automobilindustrie (in Deutschland) sind auf Exporte angewiesen, um das Beschäftigungsniveau in ihren Betrieben auf Dauer halten zu können. Zum anderen ist ein Land auch darauf angewiesen, mit seinen Exporten Devisen, also internationale Zahlungsmittel, zu erwirtschaften, um damit letztlich seine Importe finanzieren zu können.

Argumente der genannten Art sind zwar einleuchtend, haben aber das Manko, dass sie ökonomisch nicht unbedingt zwingend sind. Deshalb wurde nach Motiven gesucht, die einen überzeugenderen ökonomischen Kern aufweisen. Das traditionelle Argument, das die Außenhandelstheorie entwickelt hat, bezieht sich auf Kostenvorteile, die durch Spezialisierung, internationale Arbeitsteilung und anschließenden Außenhandel realisiert werden können. Sie treten in zwei Varianten auf, als absolute und als komparative Kostenvorteile.

Grundlage beider Varianten ist ein **Zwei-Länder-zwei-Güter-Vergleich**: Zwei Länder A und B können zwei Güter 1 und 2 produzieren. Verglichen wird eine Situation, in der beide Länder jeweils beide Güter produzieren, mit einer alternativen Situation, in der sich die Länder auf die Produktion jeweils eines der beiden Güter spezialisiert haben und eine gewisse Menge des zweiten Gutes aus dem anderen Land importieren. Im Gegenzug exportiert das Land einen Teil seiner eigenen Produktion, so dass also auch in dieser Situation beide Güter für den Konsum zur Verfügung haben. Vorteilhaft ist die Situation mit Außenhandel und Spezialisierung auf eines der beiden Güter dann, wenn dadurch beide Länder von beiden Gütern mehr zur Verfügung haben (oder zumindest mehr von einem Gut bei gleicher Menge des anderen Gutes).

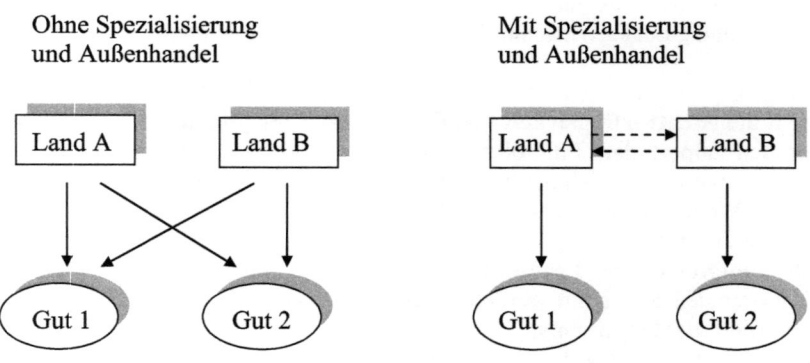

Abb. 6.1: Der Zwei-Länder-zwei-Güter-Vergleich

Es ist leicht nachvollziehbar, dass Spezialisierung und Außenhandel dann vorteilhaft sein müssen, wenn **absolute Kostenvorteile** vorliegen, d. h. wenn beispielsweise Land A das Gut 1 kostengünstiger (also mit geringerem Faktoreinsatz) produzieren kann, Land B hingegen Gut 2. Würden nun beide Länder beide Güter produzieren, so würden beide Länder einen Teil ihrer Produktionsfaktoren unproduktiver einsetzen, als es das andere Land könnte. Land A würde für die Herstellung des Gutes 2 mehr Faktoreinsatz benötigen als es Land B für die gleiche Menge bräuchte. Gleichzeitig würde Land B für die Produktion des Gutes 1 mehr Produktionsfaktoren einsetzen als Land A für die gleiche Menge benötigen würde. Somit ist klar, dass die Gesamtmenge beider Güter größer ausfallen würde, wenn sich die Länder gemäß ihrer absoluten Kostenvorteile spezialisieren und anschließend einen Teil ihrer Produktion in das jeweils andere Land exportieren würde. Eine Situation mit Spezialisierung und Außenhandel bietet also einen Versorgungsgewinn gegenüber einer Situation, in der beide Länder beide Güter herstellen.

Die Theorie **komparativer Kostenvorteile** geht noch einen Schritt weiter. Sie wurde von dem englischen Ökonomen David Ricardo in der ersten Hälfte des neunzehnten Jahrhunderts entwickelt und stellt bis heute – in modifizierter und weiterentwickelter Form – eine wesentliche Grundlage für die Rechtfertigung eines freien internationalen Handels dar.

Das **Ricardo-Modell** geht von einigen grundlegenden Annahmen aus, die für die späteren Schlussfolgerungen, die aus dem Modell zu ziehen sind, zentrale Bedeutung haben:

(1) Die Produktionsfaktoren in beiden Ländern sind ausgelastet;

(2) die Produktionsmöglichkeiten in beiden Ländern unterscheiden sich (unterschiedliche Produktionstechnologie) und weisen konstante Skalenerträge auf;

(3) Produktionsfaktoren können problemlos zwischen verschiedenen Produktionen wechseln, es gibt jedoch keine internationale Mobilität;

(4) Transportkosten, Zölle und andere Handelsbarrieren treten nicht auf.

Zu diesen Annahmen ist anzumerken, dass das Ziel des im Jahr 1817 entwickelten Ricardo-Modells vorrangig darin bestand, die damals übliche merkantilistische Auffassung, wonach Exporte positiv sind (weil sie die Staatskasse füllen), Importe jedoch negativ sind, zu korrigieren. Es ging also primär nicht darum nachzuzeichnen, wie sich die Handelsbeziehungen zu einem konkreten Zeitpunkt darstellten, sondern welche wohlfahrtssteigernden Möglichkeiten in einem freien und unbehinderten Warenhandel liegen. Diese Zielsetzung des

Ricardo-Modells kann auch heute noch Aktualität für sich beanspruchen. Betrachten wir nun ein einfaches Beispiel.

Die beiden Länder A und B haben die gleiche Ausstattung mit Produktionsfaktoren Kapital und Arbeit (200 Arbeitskräfte). Sie unterscheiden sich jedoch hinsichtlich ihrer Produktionsmöglichkeiten: Land A kann entweder 35 Einheiten von Gut 1 oder 20 Einheiten von Gut 2 herstellen; die Produktionsmöglichkeiten von Land B sind entweder 33 Einheiten von Gut 1 oder 10 Einheiten von Gut 2. Land A ist somit bei der Produktion beider Güter absolut überlegen, da es sie kostengünstiger (mit geringerem Faktoreinsatz) herstellen kann. Allerdings ist der Vorteil bei Gut 2 deutlich größer. Dies wird deutlich, wenn man die Arbeitskoeffizienten A/Y (Kehrwert der Arbeitsproduktivität) für beide Güter vergleicht:

Land A: A/Y (Gut1) = 5,71 A/Y (Gut 2) = 10

Land B: A/Y (Gut 1) = 6,06 A/Y (Gut 2) = 20

Land A benötigt also für die Herstellung einer Einheit von Gut 1 5,7 Arbeitseinheiten, Land B hingegen etwas mehr, nämlich 6,06. Bei Gut 2 ist der Vorteil von Land A allerdings wesentlich größer. Hier muss Land A 10 Arbeitseinheiten für die Produktion einer Einheit des Gutes einsetzen, Land B hingegen 20. Somit hat Land A bei der Produktion des Gutes 2 einen so genannten komparativen Kostenvorteil. Im Umkehrschluss kann man folgern, dass Land B dort wo sein Nachteil am kleinsten ist (im Beispiel also bei der Produktion des Gutes 1) einen komparativen Vorteil aufweist, obwohl es bei beiden Gütern absolut gesehen im Nachteil gegenüber Land A ist. Die Produktionsmöglichkeiten beider Länder lassen sich mit Hilfe von Transformationsgeraden übersichtlich darstellen:

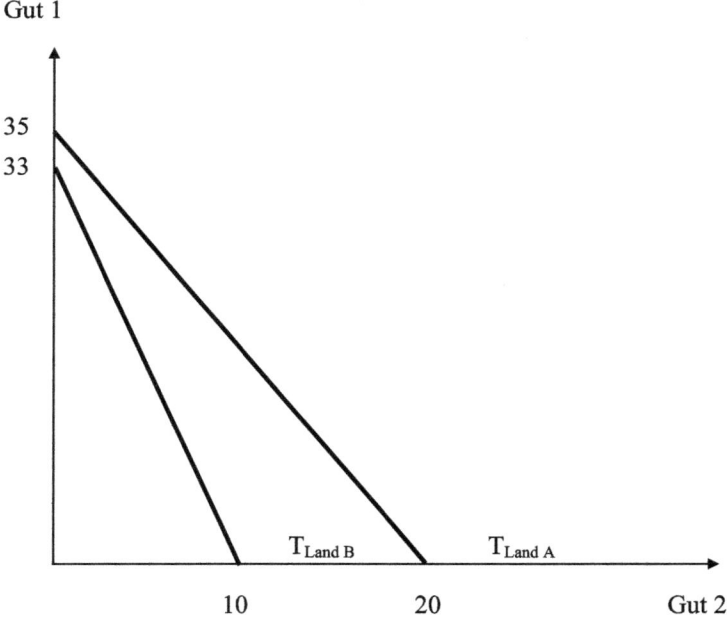

Abb. 6.2: Transformationsgeraden für Land A und Land B

Der komparative Kostenvorteil wird noch deutlicher, wenn man betrachtet, wie viele Einheiten eines Gutes aufgegeben werden müssen, um eine Einheit des jeweils anderen Gutes herzustellen. Land A muss, um eine Einheit von Gut 2 herzustellen, auf 35/20 = 1,75 Einheiten von Gut 1 verzichten. Dies sind die (realen) Opportunitätskosten der Produktion von Gut 2. Für Land B hingegen betragen die realen Opportunitätskosten für die Produktion von Gut 2 genau 33/10 = 3,3 Einheiten von Gut 1. Land A besitzt somit einen komparativen Kostenvorteil bei der Produktion des Gutes 2, da seine realen Opportunitätskosten bei der Produktion dieses Gutes niedriger sind. Umgekehrt verhält es sich bei der Produktion des anderen Gutes. Um eine Einheit des Gutes 1 herzustellen muss Land A 20/35 = 0,57 Einheiten des Gutes 2 aufgeben. Für Land B betragen die realen Opportunitätskosten bei der Produktion des Gutes 1 lediglich 10/33 = 0,3 Einheiten des Gutes 2. Land B hat somit einen komparativen Kostenvorteil bei der Produktion von Gut 1, da seine realen Opportunitätskosten bei der Produktion dieses Gutes geringer sind als in Land A. Die Opportunitätskosten der Produktion eines Gutes, gemessen in Mengeneinheiten des anderen Gutes, werden als komparative Kosten bezeichnet. Der **komparative Kostenvorteil** eines Landes liegt dort, wo die komparativen Kosten geringer sind.

Die Theorie komparativer Kostenvorteile besagt nun, dass es auch in einem solchen Fall von Vorteil ist, wenn beide Länder sich gemäß ihres komparativen Vorteils auf die Produktion eines der beiden Güter spezialisieren und die Produktion des anderen Gutes dem jeweils anderen Land überlassen. Dieser Vorteil ist allerdings intuitiv nicht ohne weiteres erkennbar. Deswegen soll das Zahlenbeispiel noch etwas weiter verfolgt werden.

Nehmen wir an, in der ursprünglichen Situation ohne Spezialisierung und Außenhandel setzen beide Länder 40 % ihrer Arbeitskräfte (also 80 Arbeitskräfte) für die Produktion des Gutes 1 und 60 % der des vorhandenen Arbeitskräftereservoirs (also 120 Arbeitskräfte) für die Produktion des Gutes 2 ein. Für Land A ergibt sich dadurch die Güterversorgung (Näherungswerte)

$$\text{Gut 1:} \quad \frac{80}{5,71} = 14 \quad \text{und}$$

$$\text{Gut 2:} \quad \frac{120}{10} = 12$$

beziehungsweise für Land B entsprechend:

$$\text{Gut 1:} \quad \frac{80}{6,06} = 13,2 \quad \text{und}$$

$$\text{Gut 2:} \quad \frac{120}{20} = 6$$

Die Mengen (14; 12) für Land A und (13,2; 6) für Land B stellen die Güterversorgung beider Länder in der Situation der Autarkie – also ohne Spezialisierung und Außenhandel – dar. Diese Situation muss nun verglichen werden mit einer Situation, die sich mit Spezialisierung und Außenhandel erreichen lässt. Beide Länder sollen sich nun gemäß dem komparativen Kostenvorteil spezialisieren. Land A produziert also ausschließlich das Gut 2 und stellt davon 20 Einheiten her, während Land B seine gesamten Produktionsfaktoren für die Herstellung von 33 Einheiten des Gutes 1 einsetzt. Stellt dies eine Verbesserung dar?

Land A kann nun beispielsweise 7 Einheiten des Gutes 2 nach Land B exportieren; im Gegenzug könnte Land B problemlos 15 Einheiten des Gutes 1 nach Land A exportieren. Damit würden für den Konsum in Land A noch 13 Einheiten des Gutes 2 zur Verfügung stehen, zuzüglich der aus Land B importierten 15 Einheiten des Gutes 1. Für Land B stünden von Gut 1 noch 18 Einheiten zur Verfügung, zuzüglich der aus Land A importierten 7 Einheiten des Gutes 2. Vergleicht man dies mit der Situation ohne Spezialisierung und Außenhandel, so zeigt sich eine verbesserte Versorgungssituation: Beide Länder haben von beiden Gütern mehr für den Konsum zur Verfügung. Spezialisierung und Außenhandel bringt also für alle Beteiligten Vorteile – zumindest im Sinne einer besseren mengenmäßigen Versorgung:

Land A: (15; 13)   >   (14; 12)

Land B: (18; 7)   >   (13,2; 6)

Es ist wichtig zu betonen, dass dies eine rein mengenmäßige Betrachtung ist und dass damit nichts über eventuelle Nachteile und Risiken außenwirtschaftlicher Verflechtungen ausgesagt ist. Die Außenwirtschaftstheorie hat eine Reihe von differenzierteren Modellen entwickelt, um damit Aussagen über Bestimmungsgründe und wirtschaftliche Folgen von Außenhandelsbeziehungen abzuleiten. Gleichwohl bleibt das elementare Modell der komparativen Kostenvorteile eine wichtige Grundlage für das Thema der internationalen Verflechtung von Volkswirtschaften.

b. Außenwirtschaftliches Gleichgewicht und Ungleichgewicht

i. Statistische Erfassung in der Zahlungsbilanz

Die statistische Erfassung der außenwirtschaftlichen Verflechtung einer Volkswirtschaft (genauer gesagt: die wirtschaftlichen Transaktionen, die sich zwischen Inländern und Ausländern innerhalb einer bestimmten Zeitperiode abspielen) erfolgt in der Zahlungsbilanz. Unter Inländern sind dabei – wie in der Volkswirtschaftlichen Gesamtrechnung üblich – Gebietsansässige unabhängig von ihrer Nationalität gemeint, Gebietsfremde hingegen werden ebenfalls unabhängig von ihrer Nationalität als Ausländer bezeichnet.

Der Begriff ist eigentlich irreführend, denn es handelt sich um keine Bilanz im betriebswirtschaftlichen Sinn. Grundsätzlich werden alle Vorgänge zweimal erfasst; entweder auf entgegengesetzten Seiten des Zahlungsbilanzschemas, oder auf derselben Seite, dann jedoch mit entgegengesetztem Vorzeichen. Die Zahlungsbilanz als Ganzes ist somit immer ausgeglichen, lediglich einzelne Teilbilanzen können einen Saldo ausweisen. Der häufig verwendete Begriff des

Zahlungsbilanzausgleichs bezieht sich damit immer auf einzelne dieser Teilbilanzen und nicht auf die Zahlungsbilanz insgesamt. Die Erfassung der einzelnen Positionen erfolgt nach dem Prinzip, dass alle Vorgänge, die aus Sicht des Inlandes zu Zahlungseingängen (bzw. Devisenzuflüssen) führen, auf der Aktivseite der betroffenen Teilbilanz verbucht werden; Vorgänge, die aus Sicht des Inlandes zu Zahlungsausgängen (bzw. Devisenabflüssen) führen, schlagen sich auf der Passivseite der entsprechenden Teilbilanz nieder.

Die Zahlungsbilanz weist einige Besonderheiten auf:
- Es werden keine Bestände erfasst, sondern Veränderungen;
- der Ausweis der Zahlungsbilanz erfolgt immer in Form von Salden der Teilbilanzen, es werden also nicht alle Einzelbuchungen veröffentlicht;
- in zwei Teilbilanzen der Zahlungsbilanz (Kapitalbilanz und Devisenbilanz) sind sowohl Plus- als auch Minusbuchungen möglich.

Die Teilbilanzen, aus denen die Zahlungsbilanz besteht, sind die Handelsbilanz, die Dienstleistungsbilanz, die Bilanz der Erwerbs- und Vermögenseinkommen, die Bilanz der laufenden Übertragungen, die Vermögensübertragungsbilanz, die Kapitalbilanz und die Devisenbilanz. Hinzu kommt noch ein „Restposten", der Saldo der statistisch nicht aufgliederbaren Transaktionen (siehe folgende Abbildung).

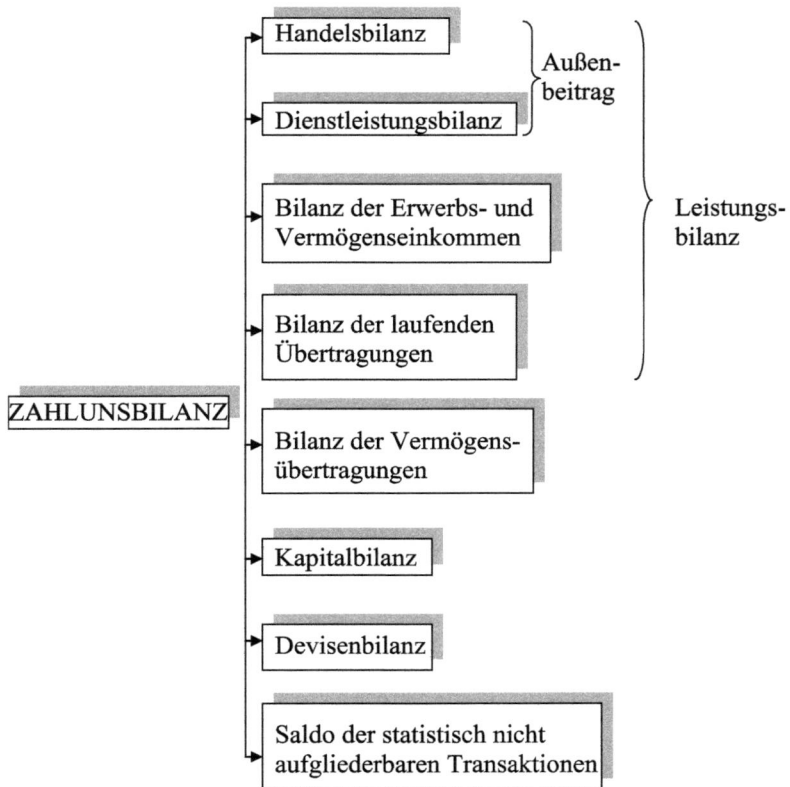

Abb. 6.3: Aufbau der Zahlungsbilanz

Die **Handelsbilanz** erfasst den grenzüberschreitenden Warenverkehr, also alle materiellen Güter wie etwa Autos, Maschinen, Unterhaltungselektronik oder Textilien, die zwischen Inland und Ausland gehandelt werden. Importe führen zu Zahlungsausgängen, sind also auf der Passivseite zu finden, Exporte hingegen führen zu Zahlungseingängen und werden auf der Aktivseite erfasst. In der **Dienstleistungsbilanz** stehen alle immateriellen Importe und Exporte, also der grenzüberschreitende Dienstleistungsaustausch. Hierzu zählen etwa Versicherungsleistungen, Transporte oder touristische Dienstleistungen. Auch in der Dienstleistungsbilanz stehen die Importe rechts, die Exporte links. Handelsbilanz und Dienstleistungsbilanz zusammen bestimmen den **Außenbeitrag** eines Landes: Er ist positiv, wenn der gemeinsame Saldo der beiden Teilbilanzen auf der Passivseite steht (die Devisenzuflüsse überwiegen); der Außenbeitrag ist negativ, wenn der gemeinsame Saldo beider Teilbilanzen auf der Aktivseite steht (die Devisenabflüsse überwiegen).

Die Bilanz der **Erwerbs- und Vermögenseinkommen** erfasst alle grenzüberschreitenden Einkommensströme, die Inländer aus dem Ausland (Aktivseite) bzw. Ausländer aus dem Inland (Passivseite) beziehen. Dazu gehören alle Löhne und Gehälter sowie Einkünfte aus Kapitalerträgen. Der Saldo dieser Teilbilanz bildet die Differenzgröße zwischen dem Inlandsprodukt und dem Nationaleinkommen in der Volkswirtschaftlichen Gesamtrechnung.

In die Bilanz der **laufenden Übertragungen** gehen alle unentgeltlichen Zahlungen ein (denen keine direkte Gegenleistung gegenübersteht), wie etwa Zahlungen der Regierung an internationale Organisationen oder Überweisungen von Gastarbeitern in ihre Heimatländer. Die ersten vier Teilbilanzen zusammen ergeben die sogenannte **Leistungsbilanz** (oder „Bilanz der laufenden Posten"). Ihr Saldo wird häufig als Indikator für die Leistungsfähigkeit einer Volkswirtschaft im internationalen Wirtschaftsgefüge interpretiert. Allerdings ist diese Interpretation nicht unproblematisch. Beispielsweise hat Deutschland sehr häufig einen Leistungsbilanzüberschuss trotz seiner immer wieder diskutierten Standortnachteile, während ein Land wie die USA traditionelle Leistungsbilanzdefizite aufweist, obwohl seine Volkswirtschaft wohl auch weiterhin als leistungsstark eingestuft wird.

Die Bilanz der **Vermögensübertragungen** erfasst alle unentgeltlichen Zahlungen, die eher einen einmaligen oder Sondercharakter haben, wie etwa Schenkungen und Erbschaften. Solche Zahlungsströme haben nichts mit der Leistungskraft einer Volkswirtschaft zu tun und werden daher separat ausgewiesen.

Die **Kapitalbilanz** gibt alle Veränderungen von Forderungen und Verbindlichkeiten zwischen inländischen und ausländischen Wirtschaftssubjekten (mit Ausnahme der Zentralbank) wieder. Diese Veränderung von Forderungen und Verbindlichkeiten kann aus Vorgängen in der Leistungsbilanz resultieren (bspw. aus dem Warenhandel), sie kann sich jedoch auch aus autonomen Vorgängen innerhalb der Kapitalbilanz ergeben, wie etwa aus Wertpapiergeschäften. Nehmen die Verbindlichkeiten gegenüber dem Ausland (oder die Forderungen ab), so spricht man von einem **Kapitalimport**. Er wird auf der Aktivseite der Kapitalbilanz erfasst. Ein **Kapitalexport** liegt vor, wenn die Forderungen gegenüber dem Ausland zunehmen (oder die Verbindlichkeiten abnehmen). Kapitalexporte schlagen sich auf der Passivseite nieder. Überwiegen die Kapitalexporte die Kapitalimporte, so liegt ein **Nettokapitalexport** vor. Im umgekehrten Fall spricht man von einem **Nettokapitalimport**. Die Kapitalbilanz beinhaltet auch den oben erwähnten „Restposten" (Saldo der statistisch nicht aufgliederbaren

Transaktionen). Er stellt sicher, dass das Zahlungsbilanzschema als Ganzes trotz vorkommender statistischer Erfassungsmängel – wie etwa durch das zeitliche Auseinanderfallen von Lieferung und Zahlung oder durch so genannte „Koffergeschäfte") immer ausgeglichen ist.

Schließlich bildet die **Devisenbilanz** die Veränderungen von Forderungen und Verbindlichkeiten der Zentralbank ab. Diese ergeben sich aus Veränderungen ihrer Devisenbestände, ihrer Goldreserven und sonstigen Vermögenswerten wie etwa die Sonderziehungsrechte des Internationalen Währungsfonds. Veränderungen der Devisenbestände ergeben sich dabei überwiegend aus Eingriffen mit dem Ziel der Kursbeeinflussung am Devisenmarkt in Form von Käufen oder Verkäufen bestimmter Währungen.

ii. Definition und Bedeutung des Gleichgewichts

Außenwirtschaftliches Gleichgewicht ist eines der vier gesamtwirtschaftlichen Ziele, die der Wirtschaftspolitik durch das Stabilitäts- und Wachstumsgesetz vorgegeben werden. Es lässt sich in allgemeinster Form als erfüllt ansehen, wenn die Binnenwirtschaft nicht durch außenwirtschaftliche Einflüsse gestört wird. Diese Generaldefinition ist jedoch zu unspezifisch und bedarf einer statistischen Operationalisierung, um sie wirtschaftspolitisch umsetzen zu können. Hierfür wird auf die Zahlungsbilanz zurückgegriffen.

Da die Zahlungsbilanz als Ganzes immer ausgeglichen ist, muss das außenwirtschaftliche Gleichgewicht an bestimmten Teilbilanzen konkretisiert werden. Die geläufigste und am häufigsten zugrunde gelegte Definition greift auf die Leistungsbilanz zurück: Außenwirtschaftliches Gleichgewicht definiert sich danach als eine ausgeglichene Leistungsbilanz. Dies ist unmittelbar einleuchtend, wenn man nach den Konsequenzen von Leistungsbilanzungleichgewichten fragt.

Ungleichgewichte in der Leistungsbilanz treten auf als Leistungsbilanzdefizite oder Leistungsbilanzüberschüsse. Leistungsbilanzdefizite führen dazu, dass aus einem Land mehr Zahlungsmittel (Devisen) abfließen als im Gegenzug ins Land kommen. Folge wird ein Schwund der Devisenbestände der inländischen Wirtschaftssubjekte und letztlich auch der Zentralbank dieses Landes sein. Ist der Bestand an Devisen im Land aufgebraucht, muss sich das Land seine Importe über Kredite finanzieren. Das Land gerät dadurch mehr und mehr in die Position eines internationalen Schuldnerlandes. Im schlimmsten Fall kann ein solches Land irgendwann seinen internationalen Zahlungsverpflichtungen nicht mehr nachkommen. Man spricht dann von einer Verschuldungskrise. Außerdem führt ein Leistungsbilanzdefizit dazu, dass dem Inland gesamtwirtschaftliche Nachfrage fehlt, da ein Teil der inländischen Nachfrage quasi ins Ausland „versickert". Die unvermeidliche Folge wird ein Abbau von Arbeitsplätzen und damit ein sinkendes Beschäftigungsniveau sein.

Wenn Leistungsbilanzdefizite problematisch sind, so sollte man im Umkehrschluss meinen, dass Leistungsbilanzüberschüsse positiv zu bewerten sind. Kurzfristig und aus der Sicht des einzelnen Landes mit Überschüssen mag dies durchaus so sein. Doch liegen die Risiken permanenter und hoher Leistungsbilanzüberschüsse an anderer Stelle. Da das Inland im Falle von Überschüssen seine eigene Beschäftigungslage praktisch auf Kosten der Handelspartner verbessert, werden entsprechende Vorwürfe und unter Umständen auch schmerzhafte Gegenmaßnahmen nicht ausbleiben. Zu denken ist hier an mehrere „Handelskriege", die sich in der Vergangenheit zwischen den USA und der Europäischen Union abgespielt haben oder aktuell zwischen China und den USA ausgefochten werden. Das Problem solcher Streitfälle ist darin zu sehen, dass dadurch die Freiheit des internationalen Handels beschränkt wird und die Vorteile, die Spezialisierung und internationaler Handel für alle Beteiligten beinhalten, nicht mehr ausgeschöpft werden.

Ferner liegt in Leistungsbilanzüberschüssen ein Inflationsrisiko für das Überschussland: Sind die Produktionskapazitäten im Inland ausgelastet, wird ein Anstieg der Exporte dazu führen, dass die gesamtwirtschaftliche Nachfrage das gesamtwirtschaftliche Angebot übersteigt. Es kommt zu einer **importierten Nachfrageinflation**. Der Devisenzufluss, der mit einem Leistungsbilanzüberschuss einhergeht, führt schließlich dazu, dass im Zuge des Umtausches dieser Devisen in inländische Währung die Geldmenge zunimmt. Wenn dieser Geldmengenanstieg zu hoch ausfällt und zu lange andauert, so ist die Folge eine **importierte Geldmengeninflation**.

Aus dieser Argumentation wird deutlich, dass es vernünftig ist, zumindest im langfristigen Schnitt eine Situation des außenwirtschaftlichen Gleichgewichts anzustreben.

Es sei erwähnt, dass es noch eine zweite Möglichkeit der Definition des außenwirtschaftlichen Gleichgewichts gibt. Man kann darunter auch eine ausgeglichene Devisenbilanz verstehen, also eine Situation, in der sich die Forderungen und Verbindlichkeiten der Zentralbank nicht verändert haben. Eine derartige Situation signalisiert eine unveränderte Zahlungsfähigkeit der Zentralbank als „Kasse der Nation". Von Bedeutung ist diese zweite Definition des Gleichgewichts vor allem in einem System fester Wechselkurse, über das im folgenden Abschnitt noch ausführlicher zu reden sein wird.

iii. Ausgleichsmechanismen

Da dem außenwirtschaftlichen Gleichgewicht hohe Bedeutung zugemessen wird, liegt die Frage nahe, ob es Mechanismen gibt, die eine Ungleichgewichtssituation mehr oder weniger automatisch in Richtung eines Gleichgewichts bewegen können. Damit sind die sogenannten Ausgleichsmechanismen der Zahlungsbilanz angesprochen, die kurz erläutert werden sollten.

Ausgangspunkt ist dabei jeweils die Situation eines Leistungsbilanzüberschusses. Drei Mechanismen führen zu einem Abbau des Leistungsbilanzüberschusses, während ein vierter Mechanismus den Leistungsbilanzüberschuss „kompensiert" durch einen entsprechend hohen Kapitalexport. Zu unterscheiden ist primär danach, welches Wechselkurssystem vorliegt. Die grundlegenden Zusammenhänge stellen sich wie folgt dar:

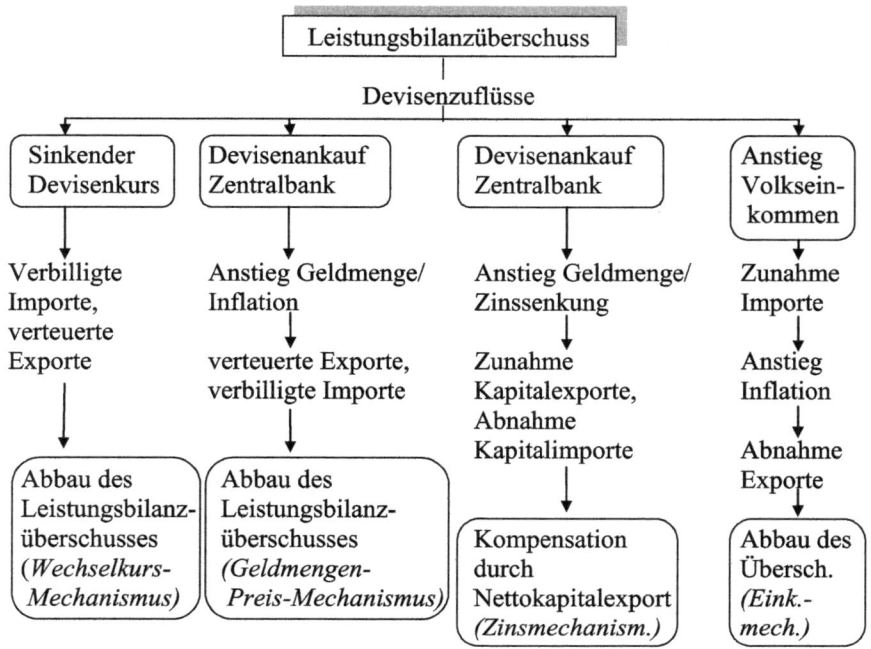

Abb. 6.4: Ausgleichsmechanismen der Zahlungsbilanz

Der **Wechselkursmechanismus** wirkt bei flexiblen Wechselkursen. Hier führt der Devisenzufluss, der durch den Leistungsbilanzüberschuss ausgelöst wird, zu einem sinkenden Wert der betreffenden Devise(n) am Markt. Dadurch verbilligen sich die Importe des Inlandes, die Exporte hingegen werden teurer, da die Käufer im Ausland für den gleichen Betrag in Euro nun mehr Einheiten ihrer eigenen Währung bezahlen müssen, entsprechend werden die Importe des Inlandes zunehmen, die Exporte abnehmen (eine preisflexible Reaktion von Importen und Exporten wird hierbei unterstellt). Im Endergebnis wird dadurch der ursprüngliche Leistungsbilanzüberschuss abgebaut.

Der **Geldmengen-Preismechanismus** und der **Zinsmechanismus** reagieren bei festen Wechselkursen. In einem System fester Wechselkurse darf der Devisenkurs bestimmte Grenzwerte nicht über- bzw. unterschreiten (vergleiche hierzu die Ausführungen im folgenden Abschnitt). Kommt es durch den Devisenzufluss in der Folge eines Leistungsbilanzüberschusses zu einem Abwärtsdruck auf den Devisenkurs, so muss die Zentralbank eingreifen und Devisen aufkaufen. Dies bewirkt zweierlei: Erstens kommt es zu einem Abstieg der inländischen Geldmenge und im Weiteren zu einem Anstieg der Inflation. Exportgüter verteuern sich dadurch, Importgüter werden relativ billiger. Der ursprüngliche Leistungsbilanzüberschuss wird wieder abgebaut (Geldmengen-Preis-Mechanismus). Zweites wird durch den Anstieg der Geldmenge auch das inländische Zinsniveau sinken. Dadurch ist es attraktiver, Kapital im Ausland anzulegen, und die Kapitalexporte nehmen zu. Kapitalanlagen im Inland hingegen werden unattraktiver, und Kapitalimporte aus dem Ausland nehmen ab. Der Leistungsbilanzüberschuss wird quasi „kompensiert" durch einen entsprechenden Nettokapitalexport.

Schließlich wirkt der **Einkommensmechanismus** sowohl bei festen als auch bei flexiblen Wechselkursen. Der Leistungsbilanzüberschuss bewirkt einen Anstieg des inländischen Volkseinkommens, welches wiederum die Nachfrage steigert. Die steigende Nachfrage richtet sich nicht nur auf inländische, sondern auch auf ausländische Produkte, er kommt also zu einem Anstieg der Importe. Die steigende Nachfrage nach Inlandsprodukten erhöht parallel dazu das Preisniveau im Inland, wodurch auch die Exportgüter teurer werden. Die Exporte werden dementsprechend zurückgehen. Auch hier kommt es somit zu einem Abbau des ursprünglichen Leistungsbilanzüberschusses.

c. Der Devisenmarkt

Außenwirtschaftliche Beziehungen setzen voraus, dass Devisen in inländische Währung getauscht werden können. Ein deutsches Unternehmen, das im Export tätig ist und aus diesem Geschäft Dollareinnahmen erwirtschaftet, muss seine

Löhne und seine Steuern im Inland in Euro bezahlen. Die Einnahmen aus dem Exportgeschäft kann es also nur dann nutzen, wenn es Dollar in Euro umtauschen kann. Die Umtauschbarkeit (Konvertibilität) von Devisen setzt die Existenz eines Devisenmarktes voraus.

i. Devisenmarkt und Wechselkurs

Der **Devisenmarkt** ist der Ort, an dem Devisenangebot und Devisennachfrage aufeinandertreffen und einen Wechselkurs, den Preis einer Devise, bestimmen. **Devisenangebot** wird in diesem Zusammenhang verstanden als der Wunsch, Devisen (Fremdwährungen) in inländische Währung zu tauschen; **Devisennachfrage** ist dementsprechend der Wunsch, inländische Währung in Devisen umzutauschen. Der Devisenhandel findet zum Teil als Präsenzhandel an den bekannten Börsenplätzen statt (organisierter Devisenmarkt), zum weitaus größeren Teil aber im außerbörslichen Handel (freier Devisenmarkt). Der bedeutendste Börsenplatz Deutschlands ist die Frankfurter Börse, wo für eine Reihe wichtiger Weltwährungen börsentäglich ein amtlicher Mittelkurs festgestellt wird.

Der Begriff des **Wechselkurses** muss genauer definiert werden. Generell versteht man darunter den Preis einer Devise, also einer Fremdwährung. Der Euro ist aus unserer Sicht keine Devise, für die Amerikaner hingegen schon. Der Preis einer Devise kann nun als Preis-Wechselkurs oder als Mengen-Wechselkurs ausgedrückt werden.

Der **Preis-Wechselkurs** gibt an, wie viele Einheiten der inländischen Währung für eine Einheit der Devise bezahlt werden muss. Am Beispiel des Währungspaares Euro/Dollar könnte der Preis-Wechselkurs also lauten:

0,8 Euro/Dollar,

was bedeuten würde, dass für einen Dollar 0,8 Euro bezahlt werden müssen. Denselben Wert des Dollars kann man auch umgekehrt ausdrücken, nämlich als **Mengen-Wechselkurs**. Hierbei wird angegeben, wie viele Einheiten der Devise man für eine Einheit der inländischen Währung bekommt. Wiederum am Beispiel des Währungspaares Euro/Dollar würde der Mengenwechselkurs lauten:

1,25 Dollar/Euro

Der Mengen-Wechselkurs ist also nichts anderes als der Kehrwert des Preis-Wechselkurses (und umgekehrt). Aktuell werden Wechselkurse als Mengen-Wechselkurse ausgewiesen. Deshalb wird beispielsweise vom Euro-Wechselkurs gegenüber dem Dollar geredet, obwohl dies streng genommen ungenau ist, denn es handelt sich um den Mengen-Wechselkurs des Dollar gegenüber dem Euro. Hier gilt es Missverständnissen vorzubeugen: Wenn der Mengen-Wechselkurs steigt, wird die Devise (in diesem Fall der Dollar) abgewertet – und nicht aufgewertet, wie es beim Preis-Wechselkurs der Fall ist.

ii. Das System flexibler Wechselkurse

In einem System flexibler Wechselkurse kann sich der Preis der Devise frei gemäß Angebot und Nachfrage am Markt einpendeln. Ändert sich die Konstellation zwischen Angebot und Nachfrage, so ändert sich auch der Wechselkurs, der sich stets als ein Gleichgewichtspreis herausbildet. Devisenangebot und Devisennachfrage werden dabei als preisabhängig betrachtet; die Abhängigkeit folgt der aus der Mikroökonomik bekannten Angebots- bzw. Nachfragefunktion:

$$A^{Dev} = A^{Dev}(wk) \quad \text{mit } A'^{Dev} > 0 \text{ und}$$

$$N^{Dev} = N^{Dev}(wk) \quad \text{mit } N'^{Dev} < 0$$

Dies verdeutlicht die folgende Abbildung.

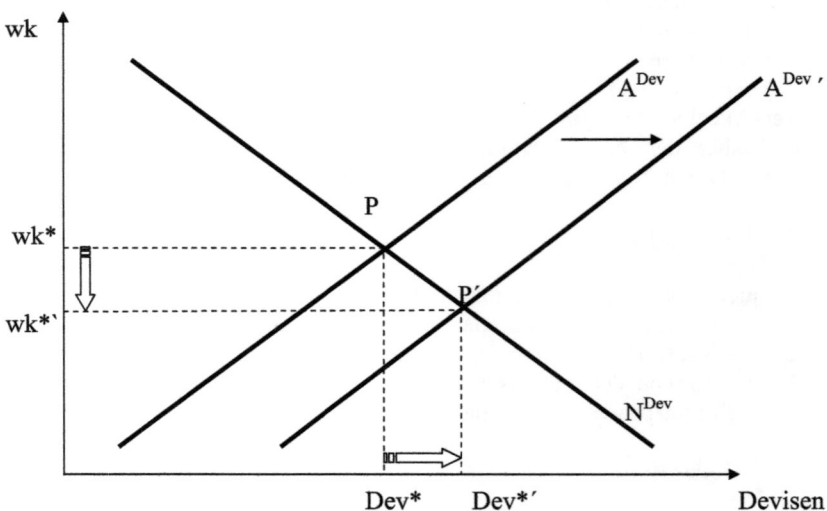

Abb. 6.5: System flexibler Wechselkurse

Es muss angemerkt werden, dass in der obigen Abbildung der Wechselkurs wk an der senkrechten Achse als Preis-Wechselkurs notiert ist, um den aus der Mikroökonomik vertrauten Verlauf von Angebots- und Nachfragefunktion zu erhalten.

In der Ausgangssituation herrsche ein Gleichgewicht am Devisenmarkt, d. h. Devisenangebotskurve und Devisennachfragekurve schneiden sich im Punkt P. Als Folge eines Leistungsbilanzüberschusses des Inlandes komme es nun zu einem Devisenzustrom, die Devisenangebotskurve A^{Dev} verschiebt sich nach rechts. Dadurch sinkt der (Preis-)Wechselkurs wk der Devise gegenüber dem Euro (Punkt P′). Dieser Mechanismus entspricht dem aus der Mikroökonomik bekannten Preismechanismus auf Güter- und Faktormärkten.

Ein System flexibler (oder freier) Wechselkurse ist dadurch gekennzeichnet, dass sich solche Wechselkursanpassungen grundsätzlich frei und unbeeinflusst am Markt herausbilden können. Ein Hauptvorteil eines solches System wird in der Möglichkeit gesehen, dass Leistungsbilanzungleichgewichte, also außenwirtschaftliche Ungleichgewichte, durch entsprechende Wechselkursreaktionen automatisch beseitigt werden; vgl. hierzu den im vorherigen Abschnitt angesprochenen Wechselkursmechanismus der Zahlungsbilanz. Wesentliche Voraussetzung hierfür ist allerdings, dass der Außenhandel in ausreichendem Maße **preiselastisch** reagiert, dass Änderungen der Wechselkurse also auch zu korrespondierenden Reaktionen bei Export- und Importströmen führen.

Am Devisenmarkt ist nun die Frage von besonderem Interesse, welche Faktoren (abgesehen vom Preis, sprich: Wechselkurs) es sind, die Angebot und Nachfrage beeinflussen. Mit andern Worten: Nicht nur die Bewegungen auf einer Angebots- bzw. Nachfragefunktion sind für das Geschehen am Devisenmarkt wichtig, sondern ebenso sehr die Verschiebung einer solchen Funktion. Deshalb sollen die Einflussfaktoren, die zu einer Veränderung von Devisenangebot und -nachfrage führen, näher betrachtet werden. Man unterscheidet hierbei zwischen Faktoren, die hinter dem längerfristigen Trend der Kursentwicklung stehen (den sogenannten **Fundamentalfaktoren**) und solchen Einflussgrößen, die mehr für die kurz- bis mittelfristigen Schwankungen der Wechselkurse verantwortlich sind.

Bei den Fundamentalfaktoren der Kursentwicklung handelt es sich um volkswirtschaftliche Basisgrößen, insbesondere den Außenhandel, das Inflationsgefälle und das Zinsgefälle. Alle diese Faktoren können jeweils das Devisenangebot und/oder die Devisennachfrage beeinflussen. Der **Außenhandel** bewirkt eine Veränderung von Devisenangebot und Devisennachfrage über Veränderungen von Exporten bzw. Importen. So kommt es zu einer Erhöhung des

Devisenangebots, wenn die Exporte (ceteris paribus) steigen. Denn entweder werden die inländischen Exporte in Devisen bezahlt, wodurch es nach dem Umtausch der Deviseneinnahmen der Exporteure im Inland zu einer Zunahme des Devisenangebots kommt. Gleichfalls zu einer Zunahme des Devisenangebots kommt es jedoch auch, wenn die Exporte des Inlandes in inländischer Währung bezahlt werden, denn in diesem Fall müssen sich die ausländischen Importeure zunächst die Währung des exportierenden Landes besorgen und somit ihre eigene Währung zum Tausch anbieten.

Eine Zunahme der Importe hingegen führt zu einem Anstieg der Devisennachfrage: Inländische Importeure müssen entweder in der Währung des ausländischen Exportlandes bezahlen und sich dafür dessen Währung (Devisen) besorgen. Falls Importe jedoch in eigener Währung bezahlt werden können, dann werden die Exporteure ihre Einnahmen (zumindest zum großen Teil) in ihre eigene Währung eintauschen, was aus inländischer Sicht ebenfalls einen Anstieg der Devisennachfrage darstellt (weil die Währung des ausländischen Exportlandes eine Fremdwährung ist). Halten wir also fest: Exportzunahme führt zu steigendem Devisenangebot, Importzunahme zu steigender Devisennachfrage:

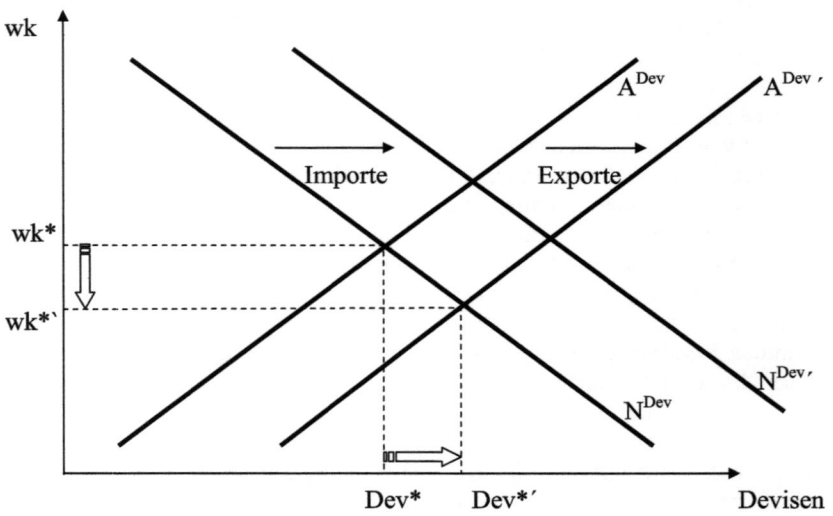

Abb. 6.6: Wechselkurs und Außenhandel

Der zweite Fundamentalfaktor ist das **Inflationsgefälle**. Darunter versteht man eine Differenz in den Inflationsraten zwischen Inland und Ausland. Steigt im Inland das Preisniveau langsamer als im Ausland (Inflationsgefälle zugunsten des Inlandes), so bedeutet dies, dass inländische Güter im Vergleich zu ausländischen im Zeitverlauf relativ gesehen günstiger werden. Dadurch nehmen die Exporte tendenziell zu, und es kommt zu einem Anstieg des Devisenangebots. Im Falle eines Inflationsgefälles zugunsten des Auslands ist es umgekehrt: Ausländische Güter werden vergleichsweise immer günstiger, was im Inland eine Zunahme der Importe auslöst. Dies wiederum bewirkt einen Anstieg der Devisennachfrage. In dieselbe Richtung wirken auch Kapitalströme, die durch unterschiedliche Preisstabilität im Inland und im Ausland ausgelöst werden. Ist die Währung des Inlandes stabiler als die des Auslandes, so legen internationale Kapitalanleger bevorzugt im Inland an. Dazu müssen sie sich jedoch am Devisenmarkt die Inlandswährung besorgen (Anstieg des Devisenangebots). Im Falle einer höheren Preisstabilität im Ausland hingegen können sich inländische Kapitalanleger veranlasst sehen, Gelder vermehrt im Ausland anzulegen. Dafür ist es notwendig, dass sie die entsprechenden Fremdwährungen erwerben, was zu einem Anstieg der Devisennachfrage führt.

Das **Zinsgefälle** ist ein Faktor, der vor allem Kapitalströme maßgeblich beeinflusst. Höhere Zinssätze im Inland begünstigen Kapitalzuflüsse und führen damit zu erhöhtem Devisenangebot. Niedrigere inländische Zinssätze hingegen verursachen Kapitalabflüsse mit dementsprechend ansteigender Devisennachfrage.

Für eher kurzfristige Schwankungen der Wechselkurse werden andere Faktoren verantwortlich gemacht. Zu nennen sind insbesondere die Kursspekulation, Direktinvestitionen von Unternehmen, Notenbankinterventionen sowie politische und psychologische Faktoren.

Der **Kursspekulation** (die nicht mit dem Spekulationsmotiv der Geldnachfrage verwechselt werden darf) liegt der Gedanke zugrunde, aus Wechselkursschwankungen Profit zu ziehen. Bestimmend für die Kursspekulation sind daher Erwartungen über künftige Änderungen von Wechselkursen. Solche Erwartungen können sich sehr kurzfristig ändern, stark fluktuieren und müssen sich nicht notwendigerweise an volkswirtschaftlichen Fundamentalfaktoren orientieren. Deswegen kann die Kursspekulation durchaus auch irrationale Züge tragen (obwohl sie in sich selbst durchaus rational fundiert sein mag). Erwartungen steigender Kurse führen zu steigender Nachfrage (und sinkendem Angebot) nach der entsprechenden Devise, während die Erwartung sinkender Kurs zu einem steigenden Angebot (und sinkender Nachfrage) führt. Da die aus der Kursspekulation resultierenden Veränderungen von Angebot und Nachfrage zu korrespondierenden Änderungen der Gleichgewichts-Wechselkurse am Devisenmarkt führen, weist die Kursspekulation nicht selten die Kennzeichen einer sogenannten **self-fulfilling prophecy** auf.

Direktinvestitionen erfordern von den Unternehmen, sich die Währung des Ziellandes der Investition zu besorgen. Dementsprechend führen Direktinvestitionen, die von Unternehmen der Euro-Zone in Nicht-Euroländern durchgeführt werden, zu steigender Devisennachfrage, während umgekehrt Direktinvestitionen aus Nicht-Euroländern innerhalb der Euro-Zone getätigt werden, das Devisenangebot steigern.

Ein System flexibler Wechselkurse impliziert freilich nicht, dass es zu überhaupt keinen Eingriffen am Devisenmarkt kommen kann. Zentralbanken können, wenn sie es für angemessen halten, durchaus intervenieren, um auch in einem flexiblen Wechselkursregime Devisenkurse in eine gewünschte Richtung zu beeinflussen. Derartige **Notenbankinterventionen** hat es immer wieder gegeben. So hat beispielsweise die Deutsche Bundesbank während der Dollar-Krise des Jahres 1995 eingegriffen, als die US-Währung einen Tiefstand von ca. 1,35 DM für einen Dollar erreichte und in der deutschen Exportwirtschaft gravierende Arbeitsplatzverluste drohten. Damals intervenierte die Bundesbank, indem sie massiv Dollar aufkaufte und so dem Kurs des Dollars wieder eine Aufwärtsbewegung gab.

Schließlich werden auch allgemeine **politische** und **psychologische Faktoren** für die Wechselkursentwicklung verantwortlich gemacht. Hier spielen beispielsweise Nachrichten über anstehende politische Veränderungen in einem Land (wie etwa Regierungswechsel) eine Rolle. Zu den psychologischen Faktoren lassen sich Phänomene wie Gerüchtebildungen oder plötzlich auftretende Wellen von optimistischen oder pessimistischen Einstellungen rechnen. Auf neuere Erklärungsansätze, wie sie etwa das Gebiet der **Behavioral Finance** bietet, kann an dieser Stelle nicht eingegangen werden.

Die grundsätzlich freie Herausbildung von Wechselkursen legt die Frage nahe, ob es so etwas wie einen volkswirtschaftlich angemessenen Wechselkurs gibt. Eine Antwort darauf versucht die so genannte **Kaufkraftparitätentheorie** zu geben, bei der man zwei grundsätzliche Varianten zu unterscheiden hat.

Die Kaufkraftparitätentheorie erklärt den volkswirtschaftlich angemessenen Wechselkurs durch den Vergleich zweier Preisniveaus, und zwar des inländischen Preisniveaus (gemessen in Inlandswährung) und des Preisniveaus im Vergleichsland (gemessen in Auslandswährung). Aus diesem Vergleich ergibt sich zunächst die Kaufkraftparität zwischen beiden Ländern:

$$\text{KKP} = \frac{P^{In}}{P^{Aus}}$$

Nach der Variante der **absoluten** Kaufkraftparitätentheorie wird sich nun der Wechselkurs zwischen den beiden Währungen am Devisenmarkt auf dem Niveau der Kaufkraftparität einpendeln.

wk = KKP

Der Grund hierfür ist einfach und soll an einem Beispiel erläutert werden. Gehen wir davon aus, dass ein bestimmter, wohldefinierter Warenkorb im Inland 80 € kostet, während er im Vergleichsland USA für 100 $ zu bekommen ist. Die Kaufkraftparität beträgt dann

$$\text{KKP} = \frac{80\ \text{€}}{100\ \$} = 0{,}8\ \text{€ für einen Dollar}$$

bzw. als Mengenkurs ausgedrückt 1,25 $ für einen Euro. Somit sollte der Preis-Wechselkurs des Dollar gegenüber dem Euro sich auf dem Niveau von 0,8 einpendeln. Ist der Dollar am Markt für weniger als 0,8 € zu bekommen, so ist er – gemessen an der Kaufkraftparität – unterbewertet. Eine solche Unterbewertung führt jedoch zu einem Kaufkraftgewinn für die Konsumenten in den Ländern, in denen der Euro gültige Währung ist, denn sie haben die Wahl den Warenkorb im Inland für 80 € zu kaufen oder ihn aus den USA zu importieren und dafür einen Dollar-Preis zu bezahlen, der aufgrund der Unterbewertung niedriger als 80 € ist. Reagiert der Außenhandel hinreichend preisempfindlich, so werden erwartungsgemäß die Importe in den Euroländern zunehmen und entsprechend die Nachfrage nach Dollar steigen. Dies erhöht den Preis-Wechselkurs des Dollar so lange, bis er den Wert erreicht hat, der der Kaufkraftparität entspricht, denn damit ist der Kaufkraftgewinn des Euro beseitigt. Liegt hingegen eine Überbewertung des Dollar gegenüber dem Euro vor, so entsteht ein Kaufkraftgewinn zugunsten des Dollar. Dies führt zu zunehmenden Exporten aus den Euroländern in die USA und somit zu steigender Nachfrage nach Euro bzw. einem steigenden Dollar-Angebot. Hierdurch wird eine Abwertung des Dollar ausgelöst, bis wiederum der Wert der Kaufkraftparität erreicht ist.

Allerdings macht das Beispiel auch deutlich, dass die absolute Variante der Kaufkraftparitätentheorie an einige Voraussetzung gebunden ist, die ihren Erklärungs- und Prognosegehalt schmälern. So muss, wie bereits gesagt wurde, eine hinreichend preisempfindliche Reaktion des Außenhandels unterstellt werden, um spürbare Wirkungen auszulösen. Ferner müssen für den Vergleich von Preisniveaus in zwei Ländern homogene Güterbündel als Warenkorb zugrunde gelegt werden. Dies dürfte in der Praxis, wenn überhaupt, nur sehr schwer möglich sein. Und schließlich müssen auch Transportkosten mit berücksichtigt werden, deren Existenz ebenfalls die Wirkung der absoluten Kaufkraftparitätentheorie schmälert.

Aus diesen Gründen hat sich die **relative** Version der Kaufkraftparitätentheorie verstärkt durchgesetzt. Sie geht nicht mehr davon aus, dass der Wechselkurs zwischen zwei Währungen sich auf dem absoluten Niveau der Kaufkraftparität einpendelt. Vielmehr wird bei dieser Variante lediglich davon ausgegangen, dass Veränderungen der Kaufkraftparität gleichgerichtete Veränderungen der Wechselkurse nach sich ziehen werden. Im Gegensatz zur obigen Bestimmung des angemessenen Wechselkurses ergibt sich somit

wk = π KKP

Hierbei stehe π für einen konstanten Proportionalitätsfaktor, der die Relation zwischen KKP und dem angemessenen Wechselkurs wiedergibt. Über die absolute Höhe des Wechselkurses lassen sich also keine Aussagen machen; jedoch folgt aus der Gleichung, dass Änderungen der Kaufkraftparität proportionale Änderungen des Wechselkurses nach sich ziehen werden.

Abschließend bleibt festzuhalten, dass die Wechselkursentwicklung von einer Vielzahl unterschiedlichster Einflussgrößen bestimmt wird, die in aller Regel in unterschiedliche Richtungen und mit unterschiedlicher Stärke wirken werden. Dies macht die Wechselkursprognose so außerordentlich schwierig. Die folgende Übersicht gibt einen zusammenfassenden Überblick über die wichtigsten dieser Bestimmungsfaktoren.

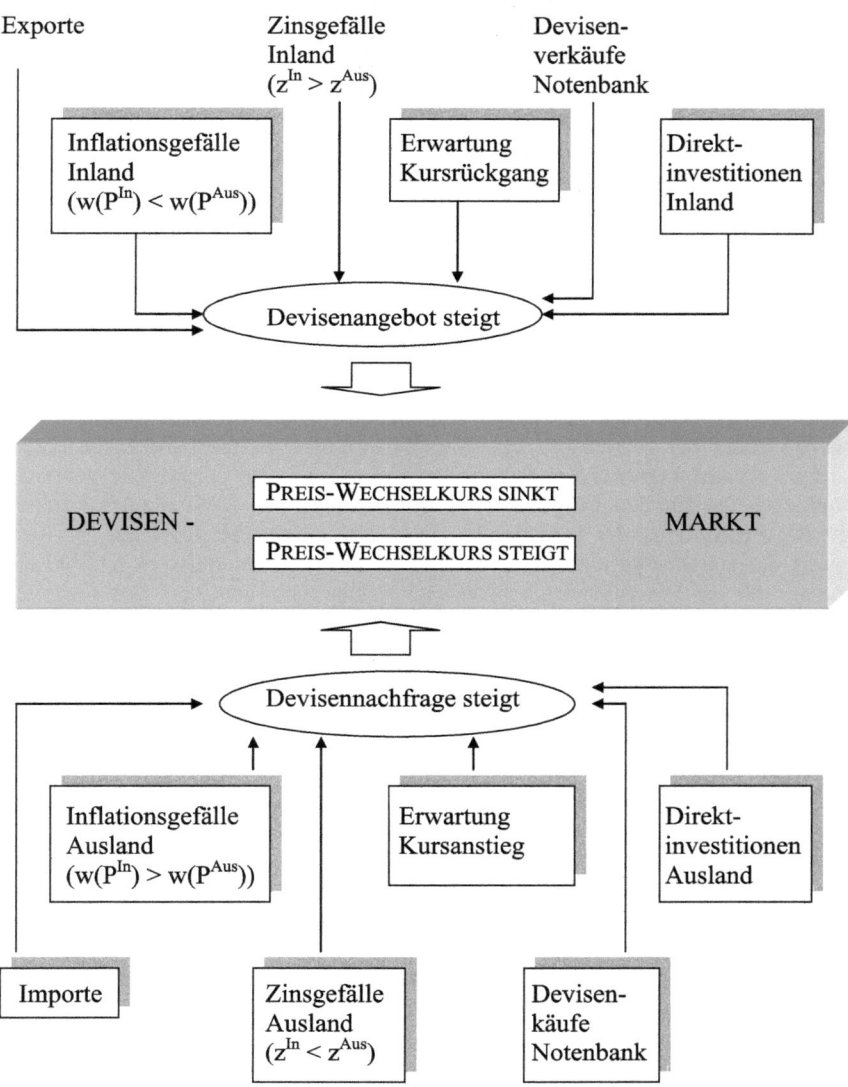

Abb. 6.7: Bestimmungsfaktoren der Wechselkursentwicklung

iii. Das System fester Wechselkurse

Wie das Beispiel der Dollar-Krise Mitte der neunziger Jahre verdeutlicht, haben stabilere Wechselkurse durchaus ihre Vorteile. Vor allem die Exportwirtschaft weiß die Kalkulationssicherheit, die mit festen Wechselkursen einhergeht, zu schätzen. Häufig wird daher argumentiert, dass feste Wechselkurse die **Integration** der Weltwirtschaft begünstigen und daher ein System fester Wechselkurse unter Einbeziehung möglichst vieler Weltwährungen wünschenswert sei.

Einem Festkurssystem liegt zunächst eine Vereinbarung mehrerer Länder zugrunde, die sich über bilaterale Leitkurse, sogenannte **Paritätskurse**, zwischen ihren Währungen verständigen. Da es unrealistisch wäre zu erwarten, dass am Devisenmarkt genau diese Paritätskurse eingehalten werden, wird eine Bandbreite definiert, die in den meisten Fällen +/- 2,25 Prozent beträgt. Innerhalb der so definierten Bandbreite dürfen die bilateralen Kurse nun frei schwanken. Die obere Grenze der Bandbreite wird als **oberer Interventionspunkt**, die untere Grenze als **unterer Interventionspunkt** bezeichnet. Die beiden Interventionspunkte stehen für den höchsten bzw. den niedrigsten gerade noch tolerierten (Preis-)Wechselkurs der betreffenden Devise. Verlässt der Kurs am Devisenmarkt die Bandbreite nach oben oder nach unten, dann müssen die Zentralbanken der am Festkurssystem beteiligten Länder intervenieren. Das bedeutet, dass sie im Falle einer Unterschreitung des unteren Interventionspunktes die betreffende Devise kaufen müssen, bei einer Überschreitung des oberen Interventionspunktes müssen sie Devisen verkaufen. Am Beispiel derselben Ausgangssituation wie oben würde sich ein System fester Wechselkurse wie folgt darstellen.

In der Zeichnung möge der ursprüngliche Gleichgewichtskurs wk^* zugleich den Paritätskurs zwischen Dollar und Euro darstellen. Die Bandbreite ergibt sich somit als maximaler Korridor, innerhalb dessen der Wechselkurs sich frei bewegen darf. Durch die Ausbildung eines Leistungsbilanzüberschusses im Inland kommt es wieder zu einem Zustrom an Devisen, der den Gleichgewichtswechselkurs auf $wk^{*'}$ absenkt. Dieser Kurs liegt jedoch unterhalb des unteren Interventionspunktes und darf daher nicht realisiert werden. Die Zentralbanken müssen vielmehr rechtzeitig intervenieren, das bedeutet in diesem Fall Dollar aufzukaufen.

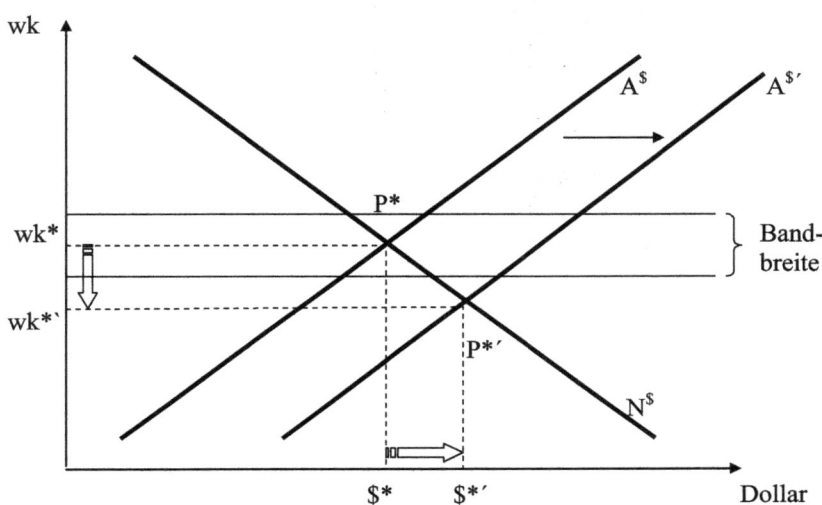

Abb. 6.8: System fester Wechselkurse

Die Menge an Dollar, die gekauft werden muss (die **Interventionsmenge**), ergibt sich aus dem Schnittpunkt zwischen der verschobenen Angebotskurve $A^{\$'}$ und der ebenfalls nach rechts verschobenen Nachfragekurve $N^{\$'}$. Dabei muss die Nachfragekurve so weit nach rechts verschoben werden, dass der Schnittpunkt zwischen den beiden Kurven zumindest dem niedrigsten noch tolerierten Preis-Wechselkurs entspricht, also dem unteren Interventionspunkt. Dies verdeutlicht die folgende Abbildung.

Mit der Interventionsmenge ist jedoch ein binnenwirtschaftliches Problem verbunden: Die Interventionsmenge an angekauften Devisen entspricht einer Erhöhung der inländischen Geldmenge. Dieses Geldmengenwachstum birgt für sich betrachtet potenzielle künftige Inflationsgefahren. Ferner ist problematisch, dass die Interventionspflicht eine Zentralbank jederzeit dazu zwingen kann, auf dem Wege des Devisenankaufs Zentralbankgeldschöpfung zu betreiben. Eine einigermaßen zuverlässige und vorhersehbare Steuerung der Geldmenge ist somit in einem System fester Wechselkurse praktisch nicht möglich. Darin ist einer der Hauptnachteile von Festkurssystemen zu sehen.

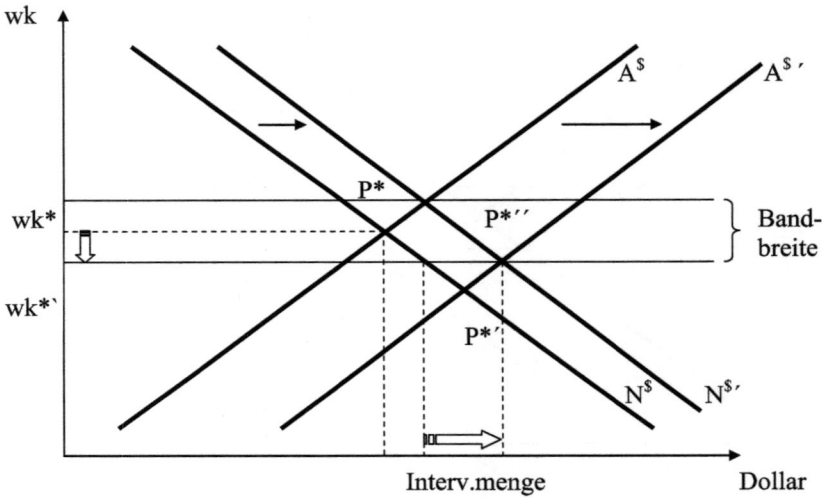

Abb. 6.9: Wechselkursintervention

Ein grundlegendes Problem im System fester Wechselkurse besteht in der Festlegung der bilateralen Paritätskurse. Prinzipiell sollte die Richtschnur für die Bestimmung dieser Kurse in der Leistungsfähigkeit der jeweiligen Volkswirtschaften liegen. Hier können volkswirtschaftliche Basisdaten wie Pro-Kopf-Wirtschaftsleistung, Wachstum, Inflationsraten, Zinsniveaus, Leistungsbilanzsalden u. a. m. als Bezugsgrößen dienen. Allerdings ändern sich im längerfristigen Zeitverlauf derartige Größen in aller Regel deutlich. Als Folge hiervon kommt es zu Verschiebung in den Leistungsfähigkeiten der Volkswirtschaften und zu einer veränderten Einschätzung der Devisenmärkte bezüglich des Wertes ihrer Währungen.

Erforderlich wäre nun in solchen Fällen, dass die bilateralen Paritätskurse dieser Veränderung Rechnung tragen und entsprechend neu festgelegt werden. Erfahrungsgemäß finden solche **Realignments** allerdings eher selten und in einem zu geringen Ausmaß statt. Die Festlegung von Paritätskursen ist ein Prozess, der sich nicht ausschließlich an ökonomischen Kriterien orientiert, sondern in dem auch Faktoren wie politisches Gewicht, Prestige und Durchsetzungsvermögen eine nicht zu unterschätzende Rolle spielen. Es besteht daher die Gefahr, dass es in einem System fester Wechselkurse zu spekulativen Kapitalbewegungen kommt, also zu Käufen oder Verkäufen bestimmter Währungen, die nach Ansicht der Marktteilnehmer unter- oder überbewertet sind und daher die Gelegenheit bieten, bei langfristig nicht zu vermeidenden Realignments Gewinne zu erzielen. Durch spekulative Kapitalbewegungen können Paritätskurse sehr stark unter Druck geraten und die Zentralbanken zu massiven Interventionen gezwungen werden. Da derartige Eingriffe stets mit unter Umständen unerwünschten ökonomischen Folgen – etwa mit unkontrollierbarer Geldmengenschöpfung – verbunden sind, stellt es hohe Anforderungen an die Koordinationsfähigkeit und -willigkeit der beteiligten Partner.

iv. Der Weg zum Euro

Die konsequenteste Fortsetzung des Gedankens fester Wechselkurse wäre letztlich darin zu sehen, nationale Währungen durch eine supranationale Gemeinschaftswährung zu ersetzen. Die Einführung des Euro am 1. Januar 2002 ist das aktuellste Beispiel eines solchen Schrittes. Die Vorgeschichte des Euro ist dabei letztlich in zwei Festkurssystemen zu sehen, im System von Bretton Woods und im Europäischen Währungssystem (EWS). Das System von **Bretton Woods** war ein 1949 auf der gleichnamigen Konferenz eingeführtes Festkurssystem, in dem der US-Dollar die Rolle einer Leitwährung spielte. Für alle beteiligten Währungen (zu der später auch die Deutsche Mark gehörte) wurden Paritätskurse gegenüber dem Dollar festgelegt. Für den Dollar selbst wurde eine Umtauschverpflichtung in Gold eingeführt. Das System geriet Anfang der siebziger Jahre in eine schwere Krise, da die amerikanische Notenbank US-Haushaltsdefizite, die sich u. a. infolge des Vietnamkrieges anhäuften, durch zusätzliche Geldschöpfung finanzierte. Die Umtauschverpflichtung des Dollar in Gold war dadurch immer schwerer zu gewährleisten und wurde schließlich ganz aufgegeben. Die einseitige Aufgabe der Golddeckung durch die US-Notenbank setzte den Dollar an den Märkten einem zusätzlichen Abwertungsdruck aus, dem nur vorübergehend durch Interventionen der Zentralbanken begegnet werden konnte. 1973 schließlich wurde das System außer Kraft gesetzt. Dies ermöglichte der Deutschen Bundesbank in der Folge den Übergang auf eine potenzialorientierte Geldmengenpolitik.

Aus den Trümmern des Systems von Bretton Woods formten die europäischen Staaten zunächst die so genante Europäische Währungsschlange und die Einführung der Kunstwährung ECU (European Currency Unit) und 1979 dann das Europäische Währungssystem EWS. Dies war ebenfalls ein klassisches Festkurssystem mit einer Bandbreite von +/- 2,25 Prozent gegenüber dem bilateralen Paritätskurs. Dieses System geriet jedoch Anfang der neunziger Jahre als Folge massiver spekulativer Kapitalbewegungen ebenfalls in eine schwere Krise, als eine Reihe von beteiligten Währungen unter massiven Abwertungsdruck gerieten. Als Reaktion darauf wurde das System aber nicht abgeschafft, sondern zunächst die Bandbreite gegenüber dem Paritätskurs auf +/- 15 Prozent ausgedehnt. Der Spekulationsdruck wurde durch diesen Schritt praktisch vollständig aus dem Markt genommen, jedoch entspricht eine solch große Schwankungsbreite kaum dem Grundgedanken eines Festkurssystems.

Im Vertrag über die Europäische Union (Vertrag von Maastricht) vom 7. Februar 1992 beschlossen die Staaten der Europäischen Union dann die Einführung der Gemeinschaftswährung Euro und die Einrichtung der Europäischen Zentralbank. Damit ging die Souveränität über die Geldpolitik erstmals von den Nationalstaaten auf eine supranationale Institution über.

Der Weg bis zur Einführung des Euro erfolgte in drei Stufen. In der **ersten Stufe**, die bereits 1990 begann, wurde die Freiheit des Güter- und Kapitalverkehrs in den Ländern der Europäischen Gemeinschaft gewährleistet. Nach dem Vertrag von Maastricht, der die Einführung des Euro unwiderruflich festlegte, begann 1994 die **zweite Stufe**. Sie beinhaltete die Erfüllung der sogenannten **Konvergenzkriterien** durch die Staaten, die sich für die Einführung der Gemeinschaftswährung qualifizieren wollten. Bis spätestens 1998 mussten die diese Kriterien erfüllt sein. Im Einzelnen waren dies:

- **Preisniveaustabilität**: Die Inflationsrate durfte höchstens 1,5 Prozentpunkte über dem EU-Durchschnitt liegen;
- **Haushaltsdisziplin**: Das laufende Haushaltsdefizit durfte höchstens 3,0 Prozent des Bruttoinlandsprodukte betragen und die Gesamtverschuldung durfte nicht über 60 Prozent der Wirtschaftsleistung liegen;
- niedriges **Zinsniveau**: Das Zinsniveau durfte höchstens zwei Prozentpunkte über dem EU-Durchschnitt liegen;
- **Währungsstabilität**: Für mindestens zwei Jahre durfte die Währung keinen größeren Wechselkursschwankungen gegenüber den anderen EU-Währungen ausgesetzt sein.

Es ist bekannt, dass nicht alle teilnehmenden Länder diese strengen Kriterien erfüllt haben. In dieser Tatsache wird erkennbar, dass ein solch anspruchsvolles Projekt, das weit über alles historisch Bekannte hinausging, in erster Linie eine politische Dimension hat. So war von vorneherein unstrittig, dass alle Gründungsländer der Europäischen Wirtschaftsgemeinschaft dabei sein mussten, da ansonsten ein kaum zu behebender Keil in den europäischen Einigungsprozess getrieben würde.

Die Konvergenzkriterien haben weiterhin Gültigkeit. So sind die Euro-Länder auch nach der Einführung des Euro verpflichtet, auf die Einhaltung der Kriterien zu achten (dies betrifft vor allem die Haushaltsdisziplin) und müssen bei Verstößen mit finanziellen Sanktionen rechnen. Außerdem müssen potenzielle Euro-Länder, die eine Einführung der Gemeinschaftswährung für die Zukunft beabsichtigen, ebenfalls die Kriterien für einen längeren Zeitraum erfüllen, um sich für eine Einführung des Euro zu qualifizieren.

Die **dritte Stufe** begann am 1. Januar 1999 mit der Aufnahme der Arbeit durch die Europäische Zentralbank, nachdem bereits 1994 das Europäische Währungsinstitut als Vorläuferinstitution die Vorbereitungsarbeiten für diese Zäsur geleistet hatte. In der dritten Stufe wurden die unwiderruflichen Kursrelationen der nationalen Währungen untereinander und gegenüber dem Euro festgelegt. Den Endpunkt der dritten Stufe bildete schließlich der Umtausch der nationalen Währungen in Euro ab dem Jahresbeginn 2002.

7. Zur Politischen Ökonomie der Globalisierung

Globalisierung ist, wie zu Beginn dieses Buches betont wurde, nicht nur ein ökonomisches, sondern auch ein gesellschaftliches und ein interkulturelles Phänomen. Globalisierung ist allerdings mehr als das; Globalisierung ist ebenfalls eine eminent politische Angelegenheit. Neben den im Eingangskapitel angesprochenen Faktoren waren es immer auch politische Entscheidungen wie der Abbau von Zoll- und Handelsschranken, die Einführung eines gemeinsamen Marktes und einer europäischen Gemeinschaftswährung, die Erhöhung der Faktormobilität und die Liberalisierung von Kapitalströmen, welche das gegenwärtige Ausmaß der Globalisierung zumindest mit ermöglicht haben. Im Umkehrschluss gilt, dass die Globalisierung und die mit ihr einhergehenden gegenseitigen Abhängigkeiten politische Rückwirkungen haben, dass sie veränderte Rahmenbedingungen für politische Entscheidungen schaffen und politische Aktionsspielräume neu definieren und abgrenzen.

Eine Analyse, welche die Globalisierung auf rein ökonomischer Ebene angeht, übersieht das, was ich die **Faktizität des Staatlichen** nennen möchte: Staaten existieren auch in Zeiten der Globalisierung. Sie sind – vertreten durch ihre jeweiligen Regierungen – handelnde Akteure, die das Wirtschaftsgeschehen auch auf globaler Ebene mitbestimmen. Durch die Finanzkrise, die mit dem Zusammenbruch des Investmentbankhauses Lehman Brothers im September 2008 ihren Kulminationspunkt erreichte und durch den drohenden Kollaps des Weltfinanzsystems, der unabsehbare Folgen für die gesamte Weltwirtschaft gehabt hätte, wurde auch eines klar erkennbar: In Zeiten einer extremen Krise des marktwirtschaftlich-kapitalistischen Wirtschaftssystems (einer „Schockstarre") sind Staaten, supranationale Organisationen und Notenbanken nahezu die einzigen verbleibenden handlungsfähigen Akteure. Nur sie können ein unkontrolliertes Ausbreiten einer solchen Krise eindämmen und damit die Sicherheit vermitteln, die das System braucht, um sich wieder zu besinnen und einen Erholungsprozess in Gang setzen zu können. Bei aller Kritik an einzelnen Maßnahmen und deren Umsetzung sollte dies nie aus dem Auge verloren werden.

Neben den **Nationalstaaten** gibt es **supranationale Organisationen** wie die Europäische Union, die ebenfalls einen erheblichen Einfluss ausüben. Eine ebenfalls eminente Rolle im globalen ökonomischen Prozessablauf spielen **internationale Organisationen** wie der Internationale Währungsfonds, die Weltbank oder die Welthandelsorganisation WTO. **Internationale Abkommen** und Vereinbarungen auf dem Gebiet von Wirtschaft und Währung – wie etwa das GATT (General Agreement on Tariffs and Trade), das System von Bretton Woods oder das Europäische Währungssystem als Vorläufer des Euro haben Entwicklungen entscheidend mit beeinflusst und dienen heute teilweise als

Muster und Orientierungshilfen für künftige Vereinbarungen; man denke etwa an die chinesischen Überlegungen zur Einführung einer neuen Weltleitwährung oder an die aktuellen Bemühungen zur Stabilisierung des Weltfinanzsystems.

Die **Internationale Politische Ökonomie** (IPÖ) stellt den geeigneten Rahmen zur Verfügung, um Fragestellungen der oben angesprochenen Art zu analysieren. Nach der Definition von Ravenhill (2008) ist der Gegenstand der IPÖ das Zusammenwirken von **staatlicher** und **privater Macht** bei der Allokation knapper Ressourcen. Die IPÖ versucht dabei die klassische politische Frage zu beantworten: Wer bekommt wie viel, wann und wie? Es geht letztlich also auch immer um Fragen der Verteilung.

Macht wird dabei verstanden als die

- Fähigkeit eines Akteurs, das Verhalten eines anderen Akteurs zu beeinflussen bzw. zu verändern,
- Fähigkeit, eine Agenda festzusetzen (also zu bestimmen, worüber und nach welchem Prozedere verhandelt wird),
- Fähigkeit, Regeln festzusetzen, die die internationalen Beziehungen betreffen und einigen Akteuren Vorteile verschaffen, anderen hingegen Nachteile.

Typische Einzelthemen der IPÖ sind etwa

- die wachsende gegenseitige Abhängigkeit von Ländern und Volkswirtschaften und die damit zusammenhängende immer schnellere Ausbreitung ökonomischer Impulse von einem Teil der Welt in andere Regionen;
- die Auswirkungen von Globalisierung und internationalem Handel auf die Arbeitslosigkeit in den Industrieländern und die politischen Reaktionen dieser Länder;
- die Anfälligkeit des Weltfinanzsystems für periodisch wiederkehrende Krisen und der daraus folgende Druck auf die Regierungen zur Kooperation und zur stärkeren Regulierung der Märkte;
- die Rolle wichtiger internationaler Organisationen bei der Verhinderung und der Bekämpfung von Krisen insbesondere in ärmeren und weniger entwickelten Ländern;
- die Entwicklung von Armut und Ungleichheit in verschiedenen Regionen der Welt und ihr Zusammenhang mit den wirtschaftlichen Beziehungen zwischen Industrie- und Entwicklungsländern;

- die wachsende Bedeutung von Nichtstaatlichen Organisationen (Non Governmental Organisations, NGO) auf der globalen Bühne;
- die Schwierigkeiten internationaler Kooperation angesichts der weltweiten Auswirkungen des Globalisierungsprozesses.

Weder erhebt diese Liste Anspruch auf Vollständigkeit, noch können alle Themen ausführlich behandelt werden. Sinn der folgenden Ausführungen kann es lediglich sein, einen ersten Einblick in die Fragestellungen und Denkweisen der Internationalen Politischen Ökonomie zu vermitteln. Der interessierte Leser sei hier auf die weiterführende Literatur verwiesen.

Im Weiteren gehen wir auf zwei Themenkomplexe etwas näher ein. Zunächst fragen wir, ob es einen Zusammenhang zwischen Globalisierung und Arbeitslosigkeit gibt. Danach beschäftigen wir uns mit dem Thema der internationalen Kooperation und Koordination der Wirtschaftspolitik.

a. Globalisierung und Arbeitsmarkt

Obwohl Globalisierung und Internationalisierung der Wirtschaft zu einem guten Teil für den Anstieg des allgemeinen Wohlstandsniveaus in der zweiten Hälfte des Zwanzigsten Jahrhunderts beigetragen haben – wovon nicht zuletzt die Exportnation Deutschland in erheblichem Maße profitiert hat –, begegnen viele Menschen der Globalisierung mit Zurückhaltung, wenn nicht sogar Ablehnung. Dies dürfte vor allem mit zwei Dingen zu tun haben. Erstens wird Globalisierung häufig verantwortlich gemacht für Armut in vielen Teilen der Welt. Es wird argumentiert, dass die reichen Industrienationen vom weltweiten Handel und billigen Rohstoffen profitierten, während ärmere Länder kaum Chancen auf den Märkten der Industrieländer hätten und einem Ausbeutungswettbewerb ausgesetzt seien. Zum Zweiten wird die Globalisierung für ein Ansteigen der Arbeitslosigkeit und ein Absinken des Niveaus der sozialen Sicherung in vielen industrialisierten Ländern verantwortlich gemacht. Mit dem ersten Vorwurf können wir uns im gegebenen Rahmen nicht ausführlich auseinandersetzen, denn dies würde eine intensive Beschäftigung mit Fragen der Entwicklungspolitik oder der politischen Situation in konkreten Entwicklungsländern voraussetzen. Grundsätzlich gilt es allerdings zu bedenken, dass internationale Arbeitsteilung und Handel – wenn sie auf freiwilliger Basis erfolgen – in der Regel für alle Beteiligten Vorteile bringt (im Sinne einer besseren mengenmäßigen Güterversorgung, als es ohne Außenhandel möglich wäre). Dies ist eine grundlegende Folgerung aus der Theorie der komparativen Kostenvorteile (vgl. Kapitel 6). Es steht allerdings auch außer Frage, dass internationaler Handel die Einkommensverteilung beeinflusst, dass also bestimmte gesellschaftliche Gruppen besser und andere schlechtergestellt werden.

Die Hauptsorge, die mit dem Prozess der Globalisierung verbunden ist – zumindest aus Sicht der westlichen Industrieländer –, lässt sich wohl wie folgt umschreiben: Die zunehmende wirtschaftliche Verflechtung der Volkswirtschaften, die auf Handels-, Kapital- und Technologieströmen basiert, führt zu einer Verschärfung der Konkurrenz mit den sogenannten Niedriglohnländern. Arbeitsplätze, die vor dem Hintergrund dieses Konkurrenzdrucks aus Kostengründen nicht mehr wettbewerbsfähig erscheinen, werden ins lohnkostengünstigere Ausland verlagert. In der Folge des Konkurrenzdrucks aus den Niedriglohnländern kommt es zu einem immer stärkeren Anstieg der Arbeitslosigkeit und letztlich zu einem „Wettlauf nach unten", denn das Lohn- und Sozialgefüge in den Industrieländern kann diesem Druck auf Dauer nicht standhalten. Es wird sich langfristig dem Niveau der Schwellen- und Entwicklungsländer anpassen. Gegner der Globalisierung glauben hierin letztlich sogar eine Gefahr für die Demokratie zu erkennen. Verschärft wird dieses Szenario noch durch die häufig vorgebrachte These von der zunehmenden Machtlosigkeit der Wirtschaftspolitik. Sie basiert auf folgender Argumentation: Die hohe Mobilität des Faktors Kapital im Vergleich zum Faktor Arbeit bewirkt, dass das Kapital nach den weltweit rentabelsten Verwendungsmöglichkeiten sucht, während der Faktor Arbeit darauf angewiesen ist, dem mobilen Faktor Kapital möglichst attraktive Standortbedingungen zu bieten. Die Wirtschaftspolitik gerät dadurch in ein strategisches Dilemma: Auf der einen Seite steigt der Handlungsbedarf zur Abfederung negativer außenwirtschaftlicher Einflüsse und zur Verhinderung oder Bekämpfung schwerer Krisen an den globalen Finanzmärkten. Auf der anderen Seite nimmt die Steuerungsfähigkeit der (nationalen) Wirtschaftspolitik aufgrund zunehmend global ausgerichteter Produktions- und Standortentscheidungen der Unternehmen immer mehr ab. Zusammengefasst stellt sich das Krisenszenario etwa wie folgt dar (siehe die Abbildung auf der folgenden Seite).

i. Globalisierung und Niveau der Arbeitslosigkeit

Die erste Frage lautet: Besteht ein nachweisbarer Zusammenhang zwischen der Intensivierung des Globalisierungsprozesses und dem tendenziellen Anstieg der Arbeitslosigkeit in den entwickelten Industrieländern? Entgegen der landläufigen Meinung, die wohl geneigt sein würde, diese Frage zu bejahen, liegt weder von theoretischer noch von empirischer Seite ein eindeutiger Befund vor. Wir konzentrieren uns auf drei vorherrschende theoretische Argumente, nämlich:

- das Faktorpreisausgleichstheorem
- den Neotechnologieansatz und
- das Argument der Wettbewerbsdynamik.

Das Faktorpreisausgleichstheorem beruht auf dem **Heckscher-Ohlin-Theorem** (auch: Faktorproportionentheorie; siehe weiter unten). Dieses besagt, dass ein Land sich auf die Produktion jener Güter spezialisieren wird, für deren Herstellung es die geeignete Faktorausstattung besitzt.

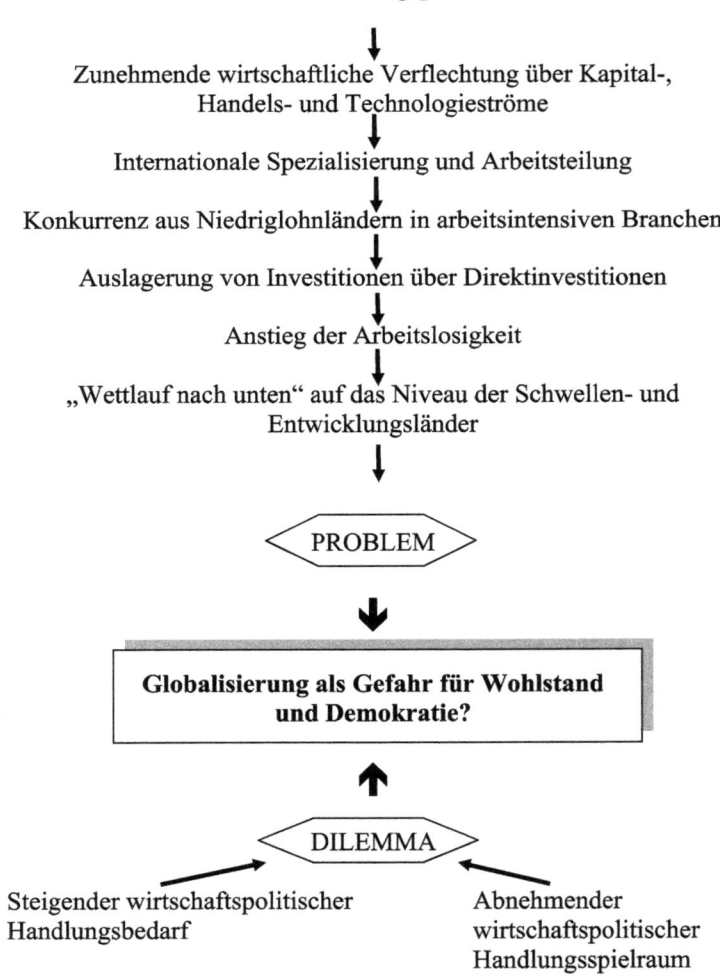

Abb. 7.1: Kritisches Globalisierungsszenario

Hat ein Land also eine reichliche Ausstattung mit dem Produktionsfaktor Arbeit, so wird es sich auf Güter spezialisieren, die eine arbeitsintensive Produktionsweise erfordern. Ein Land hingegen, in dem der Produktionsfaktor Kapital reichlich vorhanden ist, wird sich auf kapitalintensive Produktion fokussieren und dementsprechende Güter herstellen.

Interessanterweise erleidet in diesem Spezialisierungsprozess der knappere Produktionsfaktor Einkommenseinbußen. Ist also in Land A Arbeit reichlich vorhanden, in Land B hingegen Kapital, so wird Land A arbeitsintensiv produzieren: Da der Faktor Arbeit hier weniger knapp ist, sind die Löhne entsprechend niedrig, das Land geht zu arbeitsintensiver Produktion über und die Nachfrage nach Arbeit steigt. Der Faktor Arbeit verzeichnet dementsprechende Einkommensgewinne.

In Land B hingegen ist der Faktor Arbeit knapper und entsprechend teurer. Da der Faktor Kapital reichlicher vorhanden ist, wird auf kapitalintensive Produktion umgestellt; die Nachfrage nach dem Faktor Arbeit geht im Zuge dieses Umstrukturierungsprozesses zurück, Arbeit wird somit billiger. Hier erleidet also der Faktor Arbeit Einkommenseinbußen. Damit ist nebenbei gesagt, dass internationale Arbeitsteilung und Handel – letztlich also Globalisierung – durchaus mit Einkommenseinbußen für einzelne Personengruppen verbunden sind.

Was hat dieser Gedankengang mit dem Niveau der Arbeitslosigkeit zu tun? Das **Faktorpreisausgleichstheorem** als Präzisierung der oberen Zusammenhänge besagt, dass es letztlich zu einer internationalen Angleichung der Faktorpreise kommen muss. Im einfachsten Fall kommt es in Land B folglich zu einer Senkung der Löhne auf das Niveau des Landes A, in Land A hingegen sinkt der Preis des Faktors Kapital auf das Niveau des Landes B. Wenn dieser Angleichungsprozess durch Hemmnisse blockiert wird – etwa durch nationale Mindestlohnbestimmungen im Land B – so wird die zwingende Folge ein Anstieg der Arbeitslosigkeit in diesem Land sein. Das Faktorpreisausgleichstheorem liefert somit eine Erklärung für einen möglichen Zusammenhang zwischen der Globalisierung und dem Anstieg der Arbeitslosigkeit in den Industrieländern: Sie produzieren kapitalintensiv und überlassen die arbeitsintensive Produktion zunehmend den Schwellen- und Entwicklungsländern (oder verlagern sie selbst dorthin). Deshalb sinkt die Nachfrage nach Arbeit in den Industrieländern und die Löhne müssten deutlich sinken. Da dies aus verschiedenen Gründen nicht oder nicht hinreichend geschieht, kommt es zu einem Anstieg der Arbeitslosigkeit.

Wegen seiner prinzipiellen Bedeutung soll das dem Faktorpreisausgleichstheorem zugrunde liegende **Heckscher-Ohlin-Modell** nun etwas eingehender erläutert werden. Es basiert auf den folgenden Annahmen:

(1) Es werden zwei Länder, zwei Güter bzw. Produktionssektoren und zwei Produktionsfaktoren betrachtet (2 x 2 x 2 – Modell);

(2) die Produktionstechnologie ist in beiden Ländern identisch und wird durch eine substitutionale Produktionsfunktion mit sinkenden Skalenerträgen beschrieben, die Faktorausstattung ist jedoch in beiden Ländern unterschiedlich;

(3) Es herrscht freier Außenhandel und freie Bildung von Güter- und Faktorpreisen, jedoch ohne internationale Faktormobilität;

(4) Für die Produktion eines Gutes gibt es genau eine optimale Faktorkombination.

Der wesentliche Unterschied zum Ricardo-Modell des internationalen Handels liegt also in der identischen Produktionstechnologie und in der unterschiedlichen Ausstattung mit Produktionsfaktoren. Damit wird der Tatsache Rechnung getragen, dass sich Produktionstechnologien im Zeitalter der Globalisierung immer mehr angleichen, was zu Ricardos Zeiten sicher noch nicht der Fall war.

Die unterschiedliche Faktorausstattung in beiden Ländern hat nun zur Folge, dass ein Land als arbeitsreich, das andere als kapitalreich eingeordnet werden kann. Entscheidend hierfür ist die relative Ausstattung eines Landes mit dem Faktor Arbeit (A) im Vergleich zum Faktor Kapital (K). Dies soll ein einfaches Beispiel verdeutlichen. Land A habe eine Faktorausstattung von A = 200 und K = 50, die Faktorausstattung von Land B sei A = 100 und K = 30. Land A hat also von beiden Produktionsfaktoren größere Mengen zur Verfügung, jedoch ist die Relation zwischen Arbeit und Kapital in Land A gleich 4 (200/50), in Land B hingegen 3,33 (100/30). Bezogen auf seinen Bestand an Kapitalgütern hat Land A also mehr Arbeit zur Verfügung und ist somit als arbeitsreich einzustufen. Land B ist demzufolge als kapitalreich zu betrachten, obwohl seine Faktorausstattung an Kapital absolut gesehen niedriger ist als die des Landes A. Bezogen auf eine Einheit des Faktors Arbeit hat Land B nämlich 0,3 Einheiten Kapital zur Verfügung (30/100), Land A jedoch nur 0,25 Einheiten (50/200).

Da auf den Faktormärkten in beiden Ländern freie Preisbildung herrscht, wird im arbeitsreichen Land A der Faktor Arbeit vergleichsweise billiger sein als in Land B, beim Faktor Kapital verhält es sich umgekehrt. Dieser wird im kapitalreichen Land B günstiger sein als in Land A. Das Lohn-Zins-Verhältnis (l/z, Verhältnis zwischen Arbeitskosten und Kapitalkosten) wird somit in Land A niedriger sein als in Land B:

$l_A / z_A < l_B / z_B$

Analog hierzu kann man auch die beiden Güter als arbeitsintensiv bzw. kapitalintensiv einordnen. Ein Gut 1 wird gegenüber einem anderen Gut 2 als arbeitsintensiv bezeichnet, falls das Einsatzverhältnis von Arbeit zu Kapital bei seiner Produktion höher ist:

$A_1 / K_1 > A_2 / K_2$

und umgekehrt.

Die Grundaussage des Heckscher-Ohlin-Modells lautet nun, dass das arbeitsreichere Land A überwiegend das arbeitsintensive Gut 1 herstellen und einen Teil seiner Produktion exportieren wird, während das kapitalreiche Land B sich verstärkt auf die Produktion des kapitalintensiven Gutes 2 konzentrieren wird. Da in Land A überdies der Faktor Arbeit aufgrund des niedrigeren Lohn-Zins-Verhältnisses billiger ist als in Land B, wird das Gut 1 in Land A auch kostengünstiger produziert als in Land B. Die Existenz abnehmender Skalenerträge verhindert jedoch eine vollständige Spezialisierung auf eines der beiden Güter.

Als Folge der Spezialisierung auf kapitalintensiv produzierte Güter in Land B steigt dort die Nachfrage nach dem Faktor Kapital; in Land A, das sich auf die Produktion arbeitsintensiver Güter spezialisiert, steigt die Nachfrage nach dem Faktor Arbeit. In der Folge dieser veränderten Nachfrage an den Faktormärkten steigt in Land B der Preis des Faktors Kapital (relativ zum Faktor Arbeit) und das Lohn-Zins-Verhältnis sinkt. Im arbeitsreichen Land A steigt der Preis des Faktors Arbeit (relativ zum Faktor Kapital) und das Lohn-Zins-Verhältnis steigt. Folglich verändert sich die Einkommensverteilung in Land B zugunsten des Faktors Kapital, in Land A hingegen zugunsten des Faktors Arbeit.

Übertragen auf die Diskussion über die Folgen des Globalisierungsprozesses für die (relativ kapitalreichen) Industrieländer bedeutet dies nun, dass sich in den Industrieländern die Einkommensverteilung zugunsten des Faktors Kapital ändert und dass das Lohn-Zins-Verhältnis hier sinkt. Sollte dieser Anpassungsprozess durch Lohnstarrheiten behindert werden (was häufig konstatiert wird), so muss die notwendige Folge eine zunehmende Substitution des Faktors Arbeit durch den Faktor Kapital sein. Im Lichte des Heckscher-Ohlin-Modells spricht also einiges dafür, dass die Globalisierung das Niveau der Arbeitslosigkeit in den Industrieländern steigen lässt.

Relativiert wird diese Erklärung jedoch im Kontext des **Neotechnologieansatzes**. Dieser betont, dass höhere Löhne in den Industrieländern gerechtfertigt sein können durch höhere Produktivität des Faktors Arbeit. In dem Maße, in dem ein höheres Lohnniveau durch Unterschiede in der Generierung und

Anwendung von Technologie (die man präziser als Produktion ökonomisch verwertbaren Wissens umschreibt) „gedeckt" wird, wird sich dieses höhere Lohnniveau eben nicht in Arbeitsplatzabbau Luft verschaffen, sondern wird im Gegenteil zu einem positiven Wettbewerbsfaktor. Denn nur dadurch gelingt die Rekrutierung und Bindung qualifizierter Fachkräfte, die es den Unternehmen erst ermöglichen, durch weitergehenden technologischen Fortschritt die Produktivitätsvorsprünge zu erreichen, die notwendig sind, um das höhere Lohnniveau auch weiterhin aufrecht erhalten zu können.

Gemäß diesem Ansatz darf man die Globalisierung also nicht schlechthin für steigende Arbeitslosigkeit verantwortlich machen. Das muss andererseits aber nicht bedeuten, dass es keinen Zusammenhang zwischen Globalisierung und Arbeitslosigkeit gibt.

Das Argument der **Wettbewerbsdynamik** schließlich verweist darauf, dass die Industrieländer im Zuge des Globalisierungsprozesses zwar Arbeitsplätze in arbeitsintensiven Branchen verlieren werden. Gleichzeitig gewinnen sie jedoch neue Arbeitsplätze im Bereich humankapitalintensiver High-Tech-Produktionen. Dieser dynamische Prozess des Arbeitsplatzaufbaus und der gleichzeitigen Generierung neuer Arbeitsplätze, der eng mit dem Wettbewerb um die Generierung und marktwirksame Einführung neuer Technologien und Produkte verbunden ist, bewirkt somit, dass es unter dem Strich keineswegs zu einem generellen Anstieg der Arbeitslosigkeit als Folge der Globalisierung kommen muss. Entscheidend ist allerdings, dass eine Volkswirtschaft diesen Wettbewerbsprozess erfolgreich gestaltet und die geeigneten wirtschaftspolitischen Rahmenbedingungen setzt.

ii. Globalisierung und Struktur der Arbeitslosigkeit

Es ist weitgehend unbestritten, dass der Globalisierungsprozess einen Einfluss auf die **Struktur** der Arbeitslosigkeit in den entwickelten Industrieländern ausübt. Gering qualifizierte Arbeitskräfte und Arbeitnehmer ohne berufliche Qualifikation werden zunehmend von steigender Arbeitslosigkeit betroffen, während hoch Qualifizierte bessere Arbeitsmarktchancen erwarten können. Drei Argumente unterstützen diese Einschätzung:

- Die Intensivierung des Handels zwischen den Industrieländern und den Schwellen- und Entwicklungsländern;
- die Zunahme der Direktinvestitionen, die im Zuge des Globalisierungsprozesses getätigt werden;
- die Wirkung des technischen Fortschritts.

Die Intensivierung des **Handels** mit Schwellen- und Entwicklungsländern führt tendenziell dazu, dass in den Industrieländern die Nachfrage nach gering qualifizierten Arbeitskräften zurückgeht, da die mit diesen Arbeitskräften produzierten Güter in den Schwellenländern günstiger produziert werden können. Die Nachfrage nach höher qualifizierten Arbeitskräften hingegen nimmt zu, da die mit ihnen produzierten Güter verstärkt nachgefragt werden.

Die Zunahme der **Direktinvestitionen**, die im Zuge des Globalisierungsprozesses und aufgrund der hohen Mobilität des Produktionsfaktors Kapital durchgeführt werden, unterstützt und verstärkt diese Tendenz. Direktinvestitionen dienen entweder dazu, die bessere Vermarktung in den Exportländern zu ermöglichen. Dies setzt allerdings hoch qualifizierte Mitarbeiter voraus, die nicht nur über Produktkenntnisse verfügen, sondern auch interkulturelle Kompetenz besitzen. Folglich wirkt dieser Aspekt auf eine gesteigerte Nachfrage nach höher qualifizierten Arbeitskräften.

Direktinvestitionen können auch den Zweck erfüllen, bisherige Exporte zu ersetzen und die Produktion in das jeweilige Zielland zu verlagern. Dies muss nicht unbedingt nur auf zu hohe Lohn- und Lohnnebenkosten im Inland zurückzuführen sein. Ein wichtiges Motiv für Standortverlagerungen ist erfahrungsgemäß auch das Ausschalten des Wechselkursrisikos, das bei Exporten in Nicht-Euroländer gegeben ist. Egal welche Motivation letztlich den Ausschlag gibt, in jedem Falle führt die Verlagerung von Produktion ins Ausland zum Wegfall von Arbeitsplätzen im Inland, was zu einem Rückgang der Nachfrage insbesondere nach gering Qualifizierten führt.

Schließlich wirkt der **technische Fortschritt** in dieselbe Richtung. Zum einen sind gering qualifizierte Arbeitskräfte leichter zu ersetzen, da ihre Tätigkeiten sich eher für eine Automatisierung eignen. Zum anderen können sich höher Qualifizierte in aller Regel leichter an gewandelte Anforderungen in der Arbeitswelt anpassen. Dies trägt dazu bei, dass die Arbeitsplatzperspektiven insbesondere der hoch qualifizierten Arbeitskräfte im Globalisierungsprozess sich eher verbessern als verschlechtern. Denn wie im vorherigen Abschnitt erörtert wurde, erzwingt die Wettbewerbsdynamik von den entwickelten Industrieländern geradezu eine Verstärkung der Anstrengungen, auf dem Feld der technologischen Innovation Vorsprünge gegenüber den Schwellen- und Entwicklungsländern zu generieren. Hierbei sind hoch qualifizierte Arbeitskräfte eine unverzichtbare Voraussetzung und verbessern deren Arbeitsmarktchancen.

Fasst man das hier Gesagte zusammen, so lässt sich feststellen: Die Globalisierung verbessert tendenziell die Arbeitsmarktchancen von hoch qualifizierten Arbeitskräften, während sie die Beschäftigungsaussichten der gering bis gar nicht Qualifizierten verschlechtern. Globalisierung hat damit einen Einfluss auf die Struktur der Arbeitslosigkeit und indirekt natürlich auch auf die Einkommensverteilung in den entwickelten Industrieländern.

iii. Forderungen nach einer humanen Globalisierung

Unabhängig von der Frage nach einem konkreten und quantifizierbaren Zusammenhang zwischen Globalisierung und Arbeitslosigkeit – die sich im Übrigen nicht nur für die Industrieländer stellt, sondern letztlich für alle Länder, die international verflochten sind – verschaffen sich zunehmend Stimmen Gehör, die kategorisch einen humanen, auf die grundlegenden Bedürfnisse aller Menschen Rücksicht nehmenden Globalisierungsprozess einfordern. Die Beobachtung, dass in vielen Teilen der Welt immer noch große Armut herrscht, verstärkt diese Tendenz. Solche Forderungen kommen indes keineswegs nur von Gruppen, die der Globalisierung kritisch gegenüber stehen (etwa Attac), sondern auch von Institutionen die selbst aktiv an der politischen Gestaltung der Globalisierung beteiligt sind. Als ein Beispiel seien die **Orientierungen für eine bessere Globalisierung** angesprochen, die vom heutigen Bundespräsidenten Horst Köhler in seiner Zeit als Geschäftsführender Direktor des Internationalen Währungsfonds formuliert wurden.

Zunächst wird Globalisierung als ein Prozess verstanden, der mit Risiken verbunden ist. Armut und Finanzkrisen werden durchaus als direkte Begleiterscheinungen des Globalisierungsprozesses interpretiert und nicht als vernachlässigbare Randphänomene, die sich bei einer weitgehend ungehemmten Globalisierung irgendwann von selbst erledigen. Globalisierung ist somit ein politisch zu gestaltendes Phänomen. Hierzu dienen sechs **Orientierungsmarken**, die den politischen Entscheidungsträgern als hilfreiche Wegweiser dienen sollen:

1. Die Globalisierung erfordert eine **kooperative Strategie** aller wichtigen Wirtschaftsregionen. Die zunehmende weltwirtschaftliche Interdependenz verlangt überdies, dass alle Länder sich der Konsequenzen ihrer Handlungen für andere Länder bewusst sind und diese berücksichtigen.

2. Die **nationale Eigenverantwortung** der Staaten darf nicht unterhöhlt werden. Internationale Kooperation kann nicht bedeuten, dass die einzelnen Staaten auf eigene Beiträge zur Lösung ihrer Probleme verzichten könnten.

3. Märkte brauchen einen funktionierenden **Ordnungsrahmen**, damit sie zufrieden stellende Ergebnisse liefern können. Dies gilt auch auf globaler Ebene. Deshalb muss der Globalisierungsprozess durch einen weltumspannenden Ordnungsrahmen mit allgemein anerkannten Regeln und

effektiv arbeitenden Institutionen ergänzt werden. Existierende Institutionen wie Weltbank, Internationaler Währungsfonds oder Vereinte Nationen stellen hierfür einen politischen Rahmen bereit, der genutzt und ausgebaut werden sollte.

4. Eine humane Gestaltung des Globalisierungsprozesses setzt eine stärkere Beachtung der **sozialen Dimension** voraus. Wenn die internationale Verflechtung der Volkswirtschaften wirklich Vorteile für alle bringen soll – wie es die Theorie der komparativen Kostenvorteile vorhersagt, dann muss dem sozialen Ausgleich als wesentlichem Pfeiler der politischen Stabilität und eines dauerhaft günstigen Investitionsklimas stärkere Beachtung geschenkt werden.

5. Die Vielfalt menschlicher **Kulturen und Erfahrungen** muss respektiert werden. Es kann und muss unterschiedliche wirtschaftliche Systeme und insbesondere unterschiedliche Varianten der Marktwirtschaft geben.

6. Eine **globale Ethik** mit einem weitgehenden Konsens über grundlegende Werte und Maßstäbe sollte angestrebt werden und die moralische Basis eines humanen Globalisierungsprozesses bilden.

Ohne diese Punkte im Einzelnen bewerten zu wollen, bleibt sicher abzuwarten, wie in der praktischen Gestaltung der Politik internationaler Wirtschaftsorganisationen ein gangbarer Weg zur Realisierung dieser anspruchsvollen Ziele aussehen kann. Gleichwohl lassen sich zwei Aussagen wohl mit Sicherheit machen: Eine Umsetzung der Leitlinien im Rahmen konkreter Politik ist nur langfristig erreichbar und sie ist auf internationale Kooperation und Koordination in vielen wirtschafts- und sozialpolitischen Bereichen angewiesen. Damit ist das wichtige Thema der **internationalen Koordination** der Wirtschaftspolitik angesprochen.

b. Internationale Koordination der Wirtschaftspolitik

Die Theorie der komparativen Kostenvorteile besagt, dass Spezialisierung, internationale Arbeitsteilung und internationaler Handel letztlich für alle Beteiligten Vorteile erbringen. Länder, die Zoll- und Handelsschranken abbauen, sich in die globale Wirtschaftsarchitektur einfügen und einen ungehinderten Strom von Kapital, Gütern und Produktionsfaktoren zulassen, werden dafür letztlich belohnt.

Doch es darf nicht übersehen werden, dass hierfür Anstrengungen erforderlich sind, die einem Land, das sich dem weltweiten Handel öffnen will, mitunter auch Opfer abverlangen. Der Prozess der globalen Integration erzwingt länderübergreifende Anpassungsprozesse in den Produktionsstrukturen, die einzelne

Interessengruppen in unterschiedlicher Weise begünstigen oder benachteiligen. So kann das im letzten Abschnitt besprochene Zwei-Länder-zwei-Güter-Modell des internationalen Handels nichts darüber aussagen, wie der Anpassungsprozess von einer Situation ohne Spezialisierung und Außenhandel hin zur Spezialisierung auf eines der beiden Güter innerhalb des Landes abläuft. Möglicherweise verläuft er unproblematisch, und die Arbeitskräfte können problemlos von einem zu einem anderen Sektor (Produktion eines der beiden Güter) wechseln. Doch vielleicht bringt die Spezialisierung auch mit sich, dass Arbeitskräfte in dem anderen Sektor ihre Beschäftigung verlieren. Dann bringt die internationale Arbeitsteilung nicht nur Vorteile in Form besserer Güterversorgung für alle mit sich, sondern auch (gesellschaftliche) Kosten. Derartige Kosten mögen vielleicht in einem geeignet gewählten ökonomischen Modellrahmen als vernachlässigbar erscheinen, sie sind es jedoch keinesfalls in einem politökonomischen Kontext. Denn Regierungen werden, sofern sie einem Zwang zur Legitimierung in demokratischen Wahlen unterworfen sind, stets bestrebt sein, ihre Handlungen und Entscheidungen an ihren Auswirkungen auf das Wählerverhalten auszurichten.

Es ist im Zuge derartiger Integrationsprozesse deshalb kaum zu umgehen, dass Spannungen und Streitigkeiten darüber entstehen, wie Lasten und Profite aus der internationalen Spezialisierung und Arbeitsteilung zu verteilen sind. Politische Kräfte werden sich sowohl für als auch gegen eine weitere Liberalisierung des Handels formieren und der politischen Kompromiss- und Ausgleichsfähigkeit viel abverlangen. Dies gilt auf der Ebene eines einzelnen Landes ebenso wie auf internationaler Ebene, bei der es um die Fragen der **Kooperation**, **Koordination** und **Integration** in ein internationales Wirtschaftsgefüge geht.

i. Strategische Probleme der Koordination

Die wohl am meisten beachtete internationale Konferenz zum Zeitpunkt der Abfassung dieses Buches ist der Weltklimagipfel in Kopenhagen. Kurz vor dem Ende der Konferenz wurde die bisherige Konferenzleiterin, die dänische Umweltministerin Connie Hedegaard von Regierungschef Rasmussen abgelöst, nachdem es von Seiten Chinas, Brasiliens, dem Senegal und dem Sudan zu harscher Kritik an der Konferenzführung kam. Es gebe, so der Vorwurf, einen Mangel an Transparenz und geheime Absprachen hinter den Kulissen. Während der Konferenz kommt es häufiger zu tumultartigen Szenen, die Konferenzleiterin wirft den Delegationen vor, sich „wie Kinder" aufzuführen, während die Welt gebannt zuschaut und sich fragt, ob das Weltklima unter derartigen Umständen überhaupt noch zu retten ist.

Warum sind verbindliche internationale Abkommen über wichtige Ziele, die alle Verhandlungsparteien (mitunter existenziell) betreffen, so schwierig? Eine Erklärung dafür kann die **Spieltheorie** liefern. Sie untersucht Entscheidungssituationen, die durch **strategische Interdependenz** gekennzeichnet sind. Folgende Grundelemente kennzeichnen eine spieltheoretische Analyse:

(1) Es sind mehrere Entscheidungsträger (die in der Spieltheorie als „Spieler" bezeichnet werden) beteiligt;

(2) für jeden Entscheidungsträger liegt ein Strategieraum vor, der seine Entscheidungsmöglichkeiten wiedergibt;

(3) jeder Entscheidungsträger verfügt über einen Bestand an Informationen (die „Informationsmenge");

(4) es herrscht Klarheit über die Konsequenzen einer bestimmten Entscheidungsoption (diese Konsequenzen werden als „pay off" oder „Auszahlung" bezeichnet).

Spieltheoretische Situation lassen sich gemäß ihrer jeweiligen strategischen Ausgangssituation wie folgt klassifizieren:

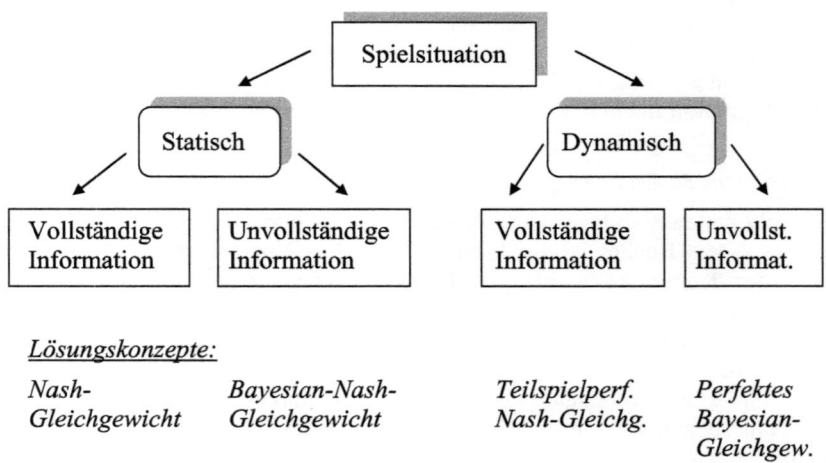

Abb. 7.2: Strategische Einteilung von Spielsituationen

Wir beschäftigen uns im Folgenden nur mit einem Konzept, einer statischen Situation (d. h. das Spiel wird nur einmal durchgeführt) bei vollständiger Information. Das mit dieser Spielsituation verbundene Lösungskonzept wird als Nash-Gleichgewicht bezeichnet. Ein Nash-Gleichgewicht ist dadurch gekennzeichnet, dass gegenseitige optimale Strategien der Spieler vorliegen. In einem solchen Gleichgewicht hat somit keiner der Spieler (Entscheidungsträger) einen Anreiz, seine Strategie und damit seine Entscheidung zu ändern, da sich dadurch für ihn keine Verbesserung erreichen lässt.

Die Darstellung einer spieltheoretischen Situation erfolgt häufig in der sogenannten **Normalform**. Die ist eine Tabelle, in der alle Spieler sowie ihre jeweiligen Entscheidungsmöglichkeiten und die damit verbundenen Auszahlungen erfasst sind (siehe folgende Abbildung). In jedem Feld der Tabelle ist der pay off durch zwei Zahlen bezeichnet; die Zahl vor dem Schrägstrich ist der pay off für Spieler 1, die Zahl nach dem Schrägstrich gibt den pay off für Spieler 2 wieder.

Im einfachsten Fall werden zwei Spieler mit jeweils zwei möglichen Entscheidungsoptionen dargestellt. Es geht nun zunächst darum festzustellen, ob es für die beiden Spieler eine dominante Strategie gibt, d. h. eine Entscheidungsoption, die sich unabhängig davon, wie sich der andere Spieler entscheidet, als die beste Option durchsetzt.

Spieler		Spieler 2	
	Strategie	A	B
Spieler 1	A	Pay off (1A/2A)	Pay off (1A/2B)
	B	Pay off (1B/2A)	Pay off (1B/2B)

Abb. 7.3: Normalform eines Spiels

Drei Beispiele sollen nun die Anwendung der Spieltheorie auf Probleme der internationalen Kooperation und Koordination erläutern. Im ersten Beispiel liegt eine **Gefangenen-Dilemma-Situation** vor. Eine derartige Situation könnte z. B. auftauchen, wenn es um Fragen der Marktöffnung und der Liberalisierung des internationalen Handels geht. In solchen Situation kann für ein Land eine Versuchung darin liegen, von Vorteilen der Marktöffnung zu profitieren, ohne die eigenen Märkte ebenfalls zu öffnen.

Diese besondere strategische Spielsituation ist es nun, die die Entscheidungsträger dazu bringt, von der eigentlich wünschenswerten Strategie der Marktöffnung abzuweichen und damit letztlich ein Ergebnis herbeizuführen, das für alle Beteiligten nachteilig ist.

Spieler		Spieler 2	
	Strategie	A	B
Spieler 1	A	(10 / 10)	(5 / 12)
	B	(12 / 5)	**(6 / 6)**

Abb. 7.4: Normalform des Gefangenen-Dilemma-Spiels

Wie unschwer zu erkennen ist, wäre die Strategie A/A (beide Länder entscheiden sich für eine Marktöffnung) das für alle Beteiligten bestmögliche Ergebnis. Leider kommt es nicht zustande, da die Strategie B (Marktabschottung) für beide Spieler eine **dominante Strategie** darstellt. Versetzen für uns in die Rolle von Spieler 1: Er steht vor der Frage, was für ihn die beste Entscheidung darstellt, falls Spieler 2 sich für eine Marktöffnung (A) entscheiden sollte. In diesem Fall wäre es für Spieler 1 am besten, sich für eine Marktabschottung zu entscheiden (12 gegenüber 10), also die Vorteile der Marktöffnung von Spieler 2 zu nutzen und selbst nichts dazu beizutragen. Dies bezeichnet man auch als **Freifahrerverhalten**. Im Falle, dass Spieler 2 sich gegen die Marktöffnung entscheiden sollte (Strategie B), ist es für Spieler 1 ebenfalls besser, seine Märkte abzuschotten (6 gegenüber 5). A ist somit die dominante Strategie für Spieler 1. Für Spieler 2 verhält es sich ebenso: Öffnet Spieler 1 seine Märkte, steht es ebenfalls 12 gegenüber 10 für eine Abschottung der eigenen Märkte, und im

Falle der Abschottung durch Spieler 1, ist für Spieler 2 die Abschottung seiner eigenen Märkte wiederum die vorteilhafte Strategie (6 gegenüber 5). Auch für Spieler 2 ist Strategie B also eine dominante Strategie.

Beide Spieler (Länder) werden sich somit entscheiden, ihre Märkte abzuschotten und das Gesamtresultat (6/6) wird für beide deutlich schlechter ausfallen, als es möglich gewesen wäre (10/10). Das Resultat (6/6) stellt ein Nash-Gleichgewicht dar, da keiner der beiden Spieler einen Anreiz hat, davon abzuweichen.

Eine andere Spielsituation liegt im Fall von sogenannten „**Assurance**"-Spielen vor. Schauen wir uns dazu das folgende Beispiel an

Spieler		Spieler 2	
	Strategie	A	B
Spieler 1	A	**(10/10)**	(5/8)
	B	(8/5)	**(6/6)**

Abb. 7.5: Normalform des „Assurance"-Spiels

Hier ist die Situation anders als beim Gefangenen-Dilemma, obwohl auf den ersten Blick eine große Ähnlichkeit besteht. So ist auch hier das für beide Spieler bestmögliche Ergebnis (10/10). Anders als beim Gefangenen-Dilemma stellt dieses Ergebnis nun auch ein Nash-Gleichgewicht dar. Denn wenn sich beide Spieler für die Strategie A entscheiden und (10/10) realisieren, dann gibt es für beide keinen Anreiz, davon abzuweichen. Eine individuelle Verbesserung ist hier nicht möglich. Ein Problem besteht allerdings darin, dass noch ein zweites Nash-Gleichgewicht existiert, nämlich (6/6). Auch dies ist eine stabile Situation, denn sollten sich beide Spieler für B entschieden haben, dann ist auch hier keine individuelle Verbesserung möglich, was der Leser leicht überprüfen kann. Es gibt also zwei Nash-Gleichgewichte, jedoch gibt es keine dominante Strategie. Für beide Spieler stellt die Kopie des Verhaltens des jeweils anderen Spielers die beste Option dar.

Eine solche Situation könnte auftauchen, wenn ein Land eine Unsicherheit darüber verspürt, ob eine Marktöffnung das Risiko beinhaltet, verstärkt in globale Krisen verstrickt zu werden, die möglicherweise durch ein Fehlverhalten anderer verursacht werden (in der Literatur, z. B. bei Ravenhill 2008, als „inhibiting fear" bezeichnet. Wenn ein Spieler auf Grund einer solcher Befürchtung die Nerven verliert und von der eigentlich wünschenswerten Strategie der Marktöffnung abweicht, so zieht dies unweigerlich das gleiche Verhalten seitens der anderen Spieler nach sich, und das optimale Ergebnis (10/10) wird nicht realisiert. Das eigentliche Problem besteht also darin, sich darüber zu vergewissern, dass der jeweils andere Spieler bei der prinzipiell zu bevorzugenden Strategie der Marktöffnung bleibt (daher die Bezeichnung „Assurance"-Spiel).

Eine dritte spieltheoretische Konstellation kann in Situationen auftreten, in denen die Verhandlungspartner zwar grundsätzlich ein gemeinsames Ergebnis wünschen, es jedoch unklar ist, wie Kosten und Erträge eines Verhandlungsresultates auf die Beteiligten verteilt werden sollen. Man denke etwa an die aktuellen Verhandlungen auf dem Klima-Gipfel von Kopenhagen oder an die Frage, wie eine globale Wirtschaftskrise durch gemeinsame makroökonomische Politik bekämpft werden kann.

Die Normalform eines solchen Spiels, das in der Literatur unter dem Begriff „Kampf der Geschlechter" bekannt ist, stellt sich wie folgt dar.

Spieler		Spieler 2	
	Strategie	A	B
Spieler 1	A	(10/9)	(4/4)
	B	(4/4)	(9/10)

Abb. 7.6: Normalform des „Kampf der Geschlechter"-Spiels

Der entscheidende Unterschied zum „Assurance"-Spiel besteht darin, dass es hier kein Ergebnis gibt, welches für beide Spieler gemeinsam das bestmögliche ist. Vielmehr wird einer der beiden Spieler unweigerlich benachteiligt. Gleichwohl ist kooperatives Verhalten (beide Spieler einigen sich darauf, die gleiche Strategie zu wählen) in jedem Fall gegenüber unterschiedlicher Strategiewahl zu bevorzugen. Bei gemeinsamer Strategiewahl (A/A) oder (B/B) ist es allerdings unvermeidlich, dass einer der beiden Spieler etwas schlechter gestellt wird als der andere. Es ist nun eine Frage von Verhandlung, Kompromissbereitschaft oder schlicht „Nachgeben", welche der beiden gemeinsamen Strategien gewählt wird. Denkbar wäre wohl auch eine Situation, in der sich die Verhandlungen sehr lange hinziehen oder auch, dass gar keine Einigung stattfindet. Dies würde (zunächst) unterschiedliche Strategiewahl bedeuten also (A/B) oder (B/A); diese wäre allerdings instabil, da beide Spieler ihren jeweiligen pay off verbessern könnten. Das Ergebnis wäre wieder a priori unklar, da beide Konstellationen für eine gemeinsame Strategie ein Nash-Gleichgewicht darstellen und deshalb stabil sind.

ii. Die Rolle von internationalen Institutionen

Um unsere Überlegungen zu Fragen der internationalen Kooperation und Koordination zum Abschluss zu bringen, sollen noch einige Bemerkungen darüber folgen, welchen Beitrag internationale Institutionen leisten können, um Probleme der angesprochenen Art zu lösen oder zumindest einer Lösung näher zu bringen. Institutionen wie die Vereinten Nationen, die Welthandelsorganisation (WTO) oder der Internationale Währungsfonds (IWF) können in verschiedener Weise Hilfestellung leisten, damit festgefahrene Positionen, einseitige Orientierung an nationalen Interessen und Egoismen einer Lösung, die grundsätzlich im Interesse aller Beteiligten ist, nicht im Wege stehen.

Ein nicht zu unterschätzender Faktor ist beispielsweise das öffentliche Interesse, das den internationalen Institutionen entgegen gebracht wird. Über dieses öffentliche Interesse kann durchaus ein gewisser Druck auf nicht kooperationswillige Länder ausgeübt werden. Darüber hinaus können Institutionen auch als unabhängige Vermittler tätig werden. Das Gefangenen-Dilemma beispielsweise ist eine Situation, die nur aufgelöst werden kann, wenn allen Beteiligten klar gemacht wird, dass ihr Beharren auf dem eigenen Vorteil auf einer Illusion beruht: Geht man von der gemeinsamen Strategie (A/A) und dem damit verbundenen Ergebnis (10/10) aus, so liegt natürlich für beide Spieler die Versuchung nahe, ihren individuellen pay-off auf 12 zu verbessern, indem sie von der gemeinsamen Strategie der Marktöffnung abweichen und sich die Marktabschottungsstrategie B entscheiden. Jedoch ist der pay-off von 12 illusorisch, da er nicht erreichbar ist: Sobald ein Spieler von der Strategie A abweicht, tut dies der andere Spieler unmittelbar danach ebenfalls. Das Ergebnis ist dann in jedem Falle (B/B) und der pay-off lautet (6/6). Der Versuch, das Ergebnis von 12 für sich zu erreichen, beruhte also auf der Illusion, der jeweils andere Spieler werde auf bei der ursprünglich gewählten Strategie A bleiben und sich mit der damit verbundenen Verschlechterung seiner Position abfinden. Genau dies wird er allerdings nicht tun.

Eine unabhängige Institution könnte nun versuchen, den beiden Spielern klarzumachen, dass ihr nationaler Egoismus letztlich auf einer solchen illusorischen Einschätzung des Verhaltens der anderen beruht. In einem zweiten Schritt wäre es wichtig, den beteiligten Spielern klar zu machen, dass es tatsächlich ein Ergebnis gibt, das – verglichen mit (6/6) – alle Spieler besser stellt, ohne jemanden schlechter zu stellen. Und schließlich könnte ein dritter Schritt darin bestehen, ein Abkommen auszuhandeln, in dem sich alle Spieler zu einer gemeinsamen Strategie (A/A) verpflichten, die sie auch einhalten werden. Natürlich müsste ein solches Abkommen in der Folgezeit auch kontrolliert werden, da das geringste Abweichen von der gemeinsamen Strategie sofort dazu führt, dass die gesamte Vereinbarung zusammenbricht und die Spieler wieder in der schlechteren Konstellation (B/B) ankommen.

Natürlich sind die Gegenstände von internationalen Verhandlungen in der Realität komplexer, als sie in den obigen einfachen spieltheoretischen Beispielen wiedergegeben wurden. Gleichwohl dürfte deutlich geworden sein, dass die Interessen der beteiligten Spieler nicht ignoriert werden dürfen, auch wenn das gemeinsame Interesse vielen Beobachtern oft um ein Vielfaches wichtiger erscheint. Internationale Verhandlungen bedeuten immer ein „Bohren von dicken Brettern" und erfordern ein hohes Maß an Fingerspitzengefühl und Einfühlungsvermögen. Hintergrundgespräche, Zusammenkünfte im kleineren Kreis auch während des Verhandlungsablaufs, das Ringen um Feinheiten der Formulierung und immer neue Kompromissvorschläge, die manchmal den Eindruck von Geschacher erwecken mögen, sind unvermeidbare Elemente der Verhandlungstechnik, wenn man letztlich zu einem gemeinsamen Ergebnis gelangen möchte.

Literaturhinweise

Aggerwal, V. K., Dupont, C., Collaboration ald Co-Ordination in the Global Political Economy, in: Ravenhill, J., Global Political Economy, second edition, Oxford und New York: Oxford University Press 2008

Europäische Zentralbank, Durchführung der Geldpolitik im Euro-Währungsgebiet, 2008

Europäische Zentralbank, Geldpolitik im Euroraum, EZB-Jahresbericht 2003, S. 16-25

Europäische Zentralbank, Monatsberichte (verschiedene Ausgaben)

Hohlstein, M.; Pflugmann, B.; Sperber, H.; Sprink, J.: Lexikon der Volkswirtschaft, München: dtv, 3. Aufl. 2009

Issing, O., Einführung in die Geldtheorie, München: Vahlen, 13., wesentl. überarb. Aufl. 2007

Issing, O., Einführung in die Geldpolitik, München: Vahlen, 6., überarb. Aufl. 1996

Krugman, P., Obstfeld, M., Internationale Wirtschaft. Theorie und Politik der Außenwirtschaft, München: Pearson Studium 2009, 8., aktual. Aufl.

Mussel, G., Grundlagen des Geldwesens, Sternenfels: Verl. Wissenschaft & Praxis, 7., überarb. und erw. Aufl. 2006

Ravenhill, J. (ed.), Global Political Economy, second edition, Oxford und New York: Oxford University Press 2008

Rothengatter, W., Schaffer, A., Sprink, J., Makroökonomik, Geld und Währung, Heidelberg: Physica-Verlag 2009

Sperber, H., Sprink, J., Internationale Wirtschaft und Finanzen, München: Oldenbourg 2007

Sperber, H., Sprink, J., Monetäre Außenwirtschaftslehre, Stuttgart: Kohlhammer 1996

Wagner, A., Makroökonomik. Volkswirtschaftliche Strukturen II, Marburg: Metropolis, 3., durchges. und erg. Aufl. 2009

Watson, M., Theoretical Traditions in Global Political Economy, in: Ravenhill, J. (ed.), Global Political Economy, second edition, Oxford und New York: Oxford University Press 2008

Printed by Libri Plureos GmbH
in Hamburg, Germany